JN412936

메코시코주쿠 유학생 대학수험 총서

일본유학시험 (EJU)
실전문제집 전10회수록

일본어

기술 · 독해 Vol.2

JAPANESS AS A FOREIGN LANGUAGE

글로벌 인재 육성, 1984년 설립 ──
(주)해외교육사업단

監修	豊原 明（東京大学 PhD）
	陳 芨（東京大学）
編著	柏原 節子（早稲田大学大学院）
執筆	倉井 香矛哉（早稲田大学大学院）
	稲吉 史晃（成蹊大学）
校閲	横谷 千佳（立教大学）

Published by MEKO EDUCATION GROUP Co.,Ltd
Dai-san Yamahiro Bldg. 2F, 4-1-1, Kita-Shinjuku, Shinjuku, Tokyo 169-0074, Japan
ISBN978-4-909907-11-0
First published 2019

머 리 말

일본유학시험(EJU)은 외국인 유학생이 일본의 대학에 입학함에 있어 일본어 및 기초학력 평가를 목적으로 2002년부터 실시하고 있는 시험입니다. 2021년 현재, 6월과 11월에 연 2회 실시하고 있으며 일본에서만이 아닌 아시아를 중심으로 한 많은 나라에서 수험할 수 있습니다.

일본유학시험의 시험과목은 일본어, 이과(물리 · 화학 · 생물), 종합과목과 수학으로 크게 4과목으로 나뉘어져 있으며 이과는 물리 · 화학 · 생물의 3과목에서 2과목을 선택하고, 수학은 코스1과 코스2 중 하나의 코스를 선택합니다. 각 과목의 시간배분은 일본어가 125분, 일본어 이외의 과목은 80분입니다. 배점은 일본어가 450점 만점, 다른 과목에 대해서는 각 200점 만점입니다. 각 과목에는 전문용어도 다수 쓰이고 있기 때문에 어휘력과 문제에 따라서는 독해력도 필요합니다.

메코시코주쿠에서는 일본유학시험의 경향, 분석 등의 연구를 평소 철저히 실시하고 있습니다. 본교에서 작성한 실전문제를 수업에 도입하였더니 실제 시험에서 고득점을 얻은 본교의 학생으로부터 "수업에서 푼 실전문제가 많은 도움이 되었다." 라는 의견이 있었습니다. 그러한 경위에서 한 사람이라도 더 많이, 일본유학시험을 수험하는 분들에게 힘이 되고 싶다는 생각에서 본 책을 출판하였습니다.

이 책은 과거 일본유학시험의 출제내용에 기초하여 작성하였고 각 과목마다 과거에 출제된 문제에 매우 가까운 내용으로 구성되어 있습니다. 난이도나 출제범위의 경향도 확실히 파악하고 매년 조금씩 변화해가는 경향에도 대처하고 있습니다. 또한, 해설에서는 문제의 요점을 명확하게 기재하고 있으므로 자신이 부족하다고 느끼는 지식이나 틀리기 쉬운 분야를 파악하기 쉽게 되어 있습니다.

학습에 있어서는 마크시트 출제형식에 익숙해지는 것과 더불어 틀린 문제는 반복해서 풀어보십시오. 단순히 암기하는 것만이 아니라 "왜 이러한 답이 되는가?", 해설을 참고하여 해답의 의미까지 확실하게 이해하는 것이 좋습니다.

이 책을 다루신 여러분이 실제 시험에서 고득점을 달성하여 목표로 하는 대학으로 진학하는 꿈을 실현할 수 있도록 마음 속 깊이 응원하고 있습니다.

2021년 5월

메코시코주쿠

이 책의 특징과 활용법

이 책을 입수한 수험생 여러분은 일본의 일류 대학에 진학을 목표로 하여 첫 관문으로써 일본유학시험을 수험하는 것이겠지요. 어떻게 하면 시험에서 고득점을 얻을 수 있는가? 무엇을 공부하면 좋은가? 등에 대한 답은 이 『실전문제집』에 있습니다.

이 책에는 일본유학시험의 경향에 입각하여 작성된 10회분의 실전문제와 기술의 모범해답, 독해의 해답·해설이 담겨 있습니다. 조금씩 풀어가도 좋지만 가능하다면 실제 시험을 상정하여 풀고 속도감이나 읽는 분량의 많음에 익숙해지는 것이 좋습니다. 시험 때 고득점을 받기 위해서는 집중해서 문제를 푸는 연습이나 제한시간을 의식하여 시간배분 연습을 해두는 것이 매우 중요합니다.

그리고, 다 풀었다면 해답·해설을 잘 읽고 정답에 이르는 과정을 확인하고 더불어 자기채점을 하여 지금 자신의 레벨과 실제 시험 때의 레벨의 차이를 인식하는 것이 중요합니다. 또한, QR코드로 접속할 수 있는 Web페이지에서 다른 수험생들과 득점비교도 가능하므로 자신의 입지를 확인하면서 학습을 진행하면 좋습니다.

아래에 일본유학시험 「기술」 「독해」 의 분석과 각각에 대한 학습 어드바이스를 기재해둡니다. 실전문제에 몰두함과 더불어 시험공부의 마음가짐이 되길 바랍니다.

일본유학시험 「기술」

【묻고 있는 점】

1. 과제의 내용을 정확하게 이해하고 있는가
2. 과제에 따라 주장을 정리하고 있는가
3. 구체적으로 근거나 예를 나타내고 있는가
4. 다각적 관점을 가지고 있는가
5. 「문장」 이 세련되게 구성되어 있는가 (전체 구성. 어휘나 표현)

【과제의 형태】

① 하나의 화제에 대해 두 가지의 의견이 명시적으로 밝혀져 있고. 어느 쪽이 좋은가를 서술하는 것.
② 하나의 화제를 제시하고, 이유나 구체적인 예를 제시한 후에 화제에 대한 의견을 서술하는 것.
   ※(②처럼 보여도 실제로는 ①의 형태에 가까운 것도 많음)

【어드바이스】

　먼저, 과제 내용을 바르게 이해하여 과제 요구에 따를 것. 그리고 단순한 작문이 아닌 소논문에 가까운 것임을 의식하여 논리적인 문장을 쓰는 것이 필요합니다. 또한 제한시간 내에 기술을 완성하는 것에는 〈서론→본론→결론〉과 같은 「틀」을 염두에 두고 써가는 것이 좋습니다. 일례를 들어두므로 참고하기 바랍니다.

　　서론 …과제를 이해한다는 것을 나타낸다. (여기서 주장의 방향을 간결하게 나타내도 좋다.)
　　　　(예) ～라는 문제가 있다. (이에 대하여 나는 ～이라고 생각한다.)

　　본론 …내용을 다각적, 구체적으로 전개한다. 두 가지 의견의 비교나 구체적인 예 등은 여기서 나타낸다.
　　　　(예) 확실히 ～라는 생각도 있다. 하지만, 그러한 생각에는 ～라는 문제가 있다. 그에 비하여 ～라는 생각에서는 ～이다.
　　　　(예) 실제로 ～라는 예가 있다. ～라는 이유나 ～라는 이유로 생각할 수 있다.

　　결론 …과제에 대한 결론을 확실하게 나타낸다.
　　　　(예) 그러므로 나는 ～라고 생각한다.

　기술 대책으로써 무엇보다도 중요한 점은 실제로 손을 움직여서 쓰는 것입니다. 머리 속에서 생각하고 있는 것만으로는 기술 능력은 늘지 않습니다. 실제로 써서 선생님에게 첨삭을 받아보는 것이 좋습니다. 또한, 무엇을 쓰면 좋을지 모르겠다는 수험생은 평소 사회에 관심을 가지고 여러 지식을 인풋하는 노력이 필요합니다. 그리고, 인풋하는 것만이 아닌 어떤 사회 현상에 대해 어떻게 생각하는지 자신의 의견을 말할 수 있도록 트레이닝 해 두는 것도 중요합니다. 인풋과 아웃풋을 반복하는 가운데 사고도 깊어져 갑니다.

　어휘력이나 표현력의 향상을 위해서는 좋은 책을 읽는 것이 좋습니다. 하지만, 많은 시간을 할애할 수 없다는 수험생도 많을 것입니다. 그러한 경우에는 독해 문제의 문장을 이용하는 것도 좋습니다.

일본유학시험 「독해」

【묻고 있는 점】

1. 설명문이나 논설문, 대학에서 필요한 실무적·실용적인 문서내용을 이해할 수 있는가
2. 지문의 의도를 알고 있는가
3. 선택지를 비교하면서 정답을 이끌어 냈는가

【출제되는 문장】

　설명문, 논설문, 수필, 대학의 게시판에 있는 것과 같은 실무적·실용적인 문서. 구체적으로는 아래와 같은 것이 출제됩니다.

　인문과학 …… 사상, 인식, 교육, 문화, 미학 등
　사회과학 …… 가족, 사회구조나 변화, 경영, 경제 등
　자연과학 …… 과학기술, 동물이나 식물의 생태 등

　그리고, 이들 분야의 중간 영역인 학제적인 화제도 자주 출제됩니다. 예를 들어 AI의 이야기는 과학기술의 진보에 대한 이야기이기도 하지만 사회의 변혁이나 인간의 삶에 관한 이야기로도 이어집니다.

【어드바이스】

　독해 문제에서 고득점을 얻기 위해서는 처음에 지문을 읽고 무엇을 알아내면 좋은가를 염두에 두고 본문을 읽으면 좋습니다. 독해 문제에는 본문을 쓴 사람과 지문을 만든 사람의 두 사람이 있다는 점을 잊어서는 안 됩니다. 출제자의 의도까지 알아내게 된다면 오답을 포함한 선택지를 간파하기 쉽게 되고 정답률은 비약적으로 상승합니다.

　독해 문제 지문의 종류로는 아래의 ①~⑤와 같은 것이 있으므로 자신이 약한 부분이 있다면 평소 그 부분의 연습을 늘려가면 좋습니다.

　① 본문의 주안점, 필자가 가장 말하고 싶은 것을 묻는 문제.
　② 밑줄이나 키워드의 내용·이유를 묻는 문제
　③ 내용이 맞는지를 묻는 문제
　④ 지시어의 내용을 묻는 문제
　⑤ 빈 칸 채우기, 구체적인 예를 추측하는 것 등. ①~④ 이외의 다양한 유형.

　편의적으로 ①~⑤로 구분하였지만 ①과 ②는 명확하게 나뉘어져 있지 않습니다. 일본유학시험의 경향으로서 ①이나 ②내지 ①과 ②의 융합적 지문이 많고 문장의 주안점이나 필자의 주장을 파악하는

능력이 중요하다고 말할 수 있습니다.

또한, 본문의 글자수나 지문 수의 관점에서 말하자면 단문(400자), 중문(600자), 장문(800자)인 문제가 있지만 각각에 대해서는 아래와 같은 조언을 해두고 싶습니다.

400자 단문

본문을 읽어 나가는 도중에 의미를 이해할 수 없게 되었다 하더라도 어쨌든 마지막까지 읽는 것이 필요합니다. 이야기의 결론 부분을 이해하였다면 자세한 부분을 이해하기 쉬워집니다.

600자 중문, 800자 장문

문장이 길어지면 다소 읽기 어렵다고 느낄지도 모르지만 '첫 번째 지문은 문장의 전반, 두 번째 지문은 후반을 이해하였다면 풀 수 있다.' 라는 경우도 적지 않습니다. 마지막까지 읽고 문장 전체를 이해하고 나서 답하는 것이 이상적이지만 가능한 지문부터 풀어 가는 요령으로, 실제 시험을 의식한 연습도 하였으면 합니다.

마지막으로 기본적이지만 중요한 점을 서술하고 싶습니다. 독해력을 기르려면 평소 일본유학시험에서 출제되는 것과 같은 문장에 익숙해질 필요가 있습니다. 상술한대로 인문과학, 사회과학, 자연과학, 그리고 학제적인 문장이 출제됩니다. 이러한 출제범위의 대응력을 기르기 위해서는 고교생이나 대학교 1학년생이 읽는 레벨의 각 분야 입문서와 같은 책, 나아가 학제적인 책을 읽어두면 좋을 것입니다. 실제로 출제되는 문장도 해당 레벨의 문장입니다.

●STEP 1

먼저 각 회의 실전문제 표지 오른쪽 아래에 있는 QR코드를 스마트폰으로 읽어냅니다.

●STEP 2

읽히게 되면 해답용지가 표시됩니다. 정답이라고 생각하는 번호를 클릭하여 진행해봅시다. 마지막까지 다 풀었다면 화면 아래에 있는 「제출과 정답표」 버튼을 누릅니다.

●STEP 3

정답표가 표시됩니다. 틀린 문제는 정답번호가 빨갛게 표시되므로 확실히 복습합시다. 「해설」 버튼을 누르면 해설을 확인할 수 있습니다. 또한, 화면 아래쪽의 「득점분포를 본다」라는 버튼을 누르면 자신의 득점과 전체 수험자 중에서 자신의 위치를 확인할 수 있습니다.

※ 확인하기 위해서는 등록과 로그인이 필요합니다. (→조작방법은 STEP4에서 확인하실 수 있습니다.)

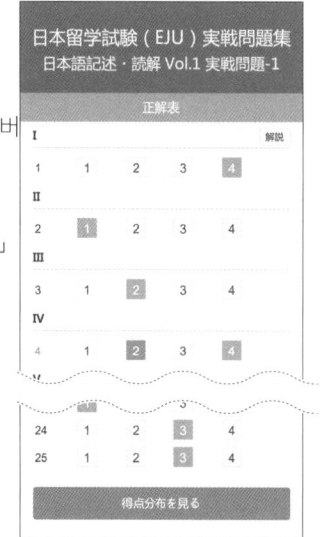

●STEP 4

「득점분포를 본다」라는 버튼을 누르면 등록화면이 표시됩니다. 필수항목을 모두 기입하고 「등록」 버튼을 눌러주십시오.

●STEP 5

자신의 득점 및 득점분포가 표시됩니다.

※ 실전문제는 몇 번이든지 수험할 수 있습니다만 득점과 득점분포의 산출은 1인당 1회만 가능합니다.

※일본유학시험과 거의 동일하게 항목반응이론에 의한 득점등화를 실시하고 있습니다.

※ 수험자수가 증가함에 따라서 득점기준이 변화하는 점을 양해바랍니다.

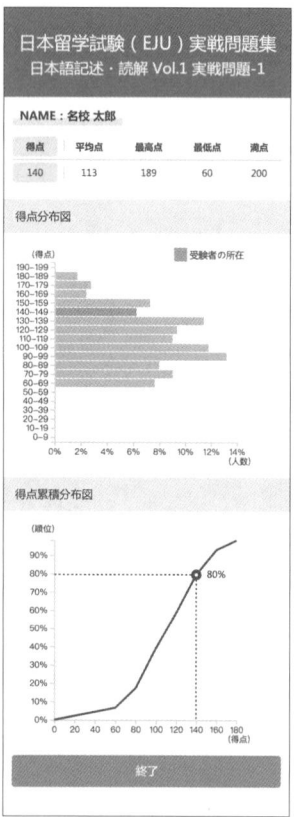

일본유학시험(EJU) 실전문제집
일본어 기술 · 독해 Vol.2

CONTENTS

第**1**回

実戦問題

解答時間 70分

正解と得点分布図確認

QRコードを読み取っ
てオンライン解答用
紙に解答を記入し、正
解と得点分布を確認
してください。

記述問題
説明

　　記述問題は，二つのテーマのうち，<u>どちらか一つ</u>を選んで，記述の解答用紙に書いてください。

　　解答用紙の<u>テーマの番号</u>を○で囲んでください。

　　文章は横書きで書いてください。

　　解答用紙の裏（何も印刷されていない面）には，何も書かないでください。

記述問題

　以下の二つのテーマのうち，どちらか一つを選んで 400〜500字程度で書いてください（句読点を含む）。

1.
　社会の中で生活するためには，自分の能力を高め，自立した生き方をすることが大切だという意見があります。一方で，他者と協力し，支え合って生きることが大切だという意見もあります。
　自己の自立した生き方と，他者と支え合う生き方では，どちらが良いと思いますか。あなたの考えを述べなさい。

2.
　社会の問題を解決するために，若いうちから海外でボランティア活動を行うことが奨励されています。しかし一方で，まずは自分たちの国や地域の中で困っている人を助けることが優先だという意見もあります。
　国際的なボランティア活動と，身近な手助けとでは，どちらをするのがよいと思いますか。あなたの考えを述べなさい。

読解問題
説明

読解問題は，問題冊子に書かれていることを読んで答えてください。

選択肢 1，2，3，4 の中から答えを一つだけ選び，読解の解答欄にマークしてください。

I　筆者は，人間が自動車事故よりも飛行機事故を怖がるのはなぜだと言っていますか。

1

　これは不思議な現象なのですが，飛行機事故と自動車事故を比べたときに，人間は飛行機事故のほうが怖いものなのです。

　現実には，自動車事故と飛行機事故で死ぬ人の数を比べると，毎日交通事故が起きている自動車のほうが，はるかに危ないともいえます。しかし，私たちは車には乗り，飛行機は怖いと思う。飛行機に乗るときには，ちょっぴり「墜ちるかもしれない。死ぬかもしれない」と思う人は多いのですが，車を運転するときにはそんなことはあまり考えません。

　人間はひとりずつ人が死んでいく事象に関しては，あまり危険を感じない。怖さを感じないんです。ところが一度に多くの人が死ぬであろうことに関しては，ものすごく怖がる。火力発電について多くの人が怖がらない理由は，トータルでの死者は多くても，一度の大事故が起きて大勢の人が亡くなったということにはなっていないからです。

（竹内薫『怖くて眠れなくなる科学』PHP研究所）

　１．自動車事故に比べて飛行機事故のほうがトータルでの死者の数が多いから
　２．飛行機事故に比べて自動車事故のほうが発生件数が多いから
　３．自動車事故に比べて飛行機事故のほうが一度に亡くなる人の数が多いから
　４．飛行機事故に比べて自動車事故のほうが身近で起きていると考えるから

II　次の文章は，学生証の扱いに関するお知らせです。このお知らせの内容と合っている
　　ものはどれですか。

2

学生証について

　新入生の皆さん，ご入学おめでとうございます。学生証は定期試験を受ける際や図書館を利用する際に必要になります。また，自習室等の利用で提示を求められるため，大学に来る際には常に携帯しておきましょう。

●学生証の受取

　・新入生には，新入生説明会の時に各教室で学生証を配布します。学生証を受け取ったら下記の事項が満たされているか確認してください。下記の事項が満たされていない場合，すぐに本館2階学生課に申し出てください。再発行料は無料です。

　　　　＝確認事項＝

　　　　□　Aの欄に本人と確認できる写真が適正に印刷されている。

　　　　□　Bの欄に自分の所属学部が正しく記載されている。

　　　　□　Cの欄に正しい入学年度が記載されている。

　　　　□　Eの欄に正しい氏名のフリガナが記載されている。

　・確認事項が全て適切であれば，Fの欄に直筆で氏名を記入してください。他者に記入してもらった場合，その学生証は使用できません。再発行を行ってください（再発行料：¥2,200）。また，氏名の記入が行われた後，確認事項に誤りが発見された場合も再発行料がかかります。

1．自習室を使わない場合，学生証は携帯しなくてもよい。

2．新入生に対する学生証の配布は本館2階の学生課で行われる。

3．Fの欄には学生本人または学生の保護者による氏名の記入が必要である。

4．Eの欄に誤りがあり，氏名が記入されている場合，再発行料がかかる。

Ⅲ　筆者が考える「気の利いたコメント」として，最も適当なものはどれですか。　　3

　現代は，「コメント力」が求められる時代です。

　なにか出来事があった場合に，それに対して気の利いたコメントが言えるかどうかで，その出来事への理解の深さや思考のユニークさが明らかになります。それゆえコメント力は，とても重要な能力なのです。

　コメントは，感想や気持ちをただなんとなく口にすればいいというものではありません。課題となっている出来事に対して，自分の認識をしっかりと述べ，その出来事に対する自分の価値判断や今後の態度を明確に表明することが大切です。

　もちろん，コメントは後から取り消せない場合もありますから，慎重さが求められます。とは言え，逆に当たり障りのないことばかり口にしていても，人の心を打つことはできません。

　人の心に残る自分なりの言葉を練り上げ，独自性のあるコメントとして発することが必要となります。そうすることで，発言者自身の人間的魅力を出していくことができるのです。

（齋藤孝『大人のための会話の全技術』KADOKAWA）

１．他の人を不快な思いにさせることのない，無難なコメント
２．相手の心に強い印象を与える，ユニークな表現を用いたコメント
３．自分がその時に思った感想や心情を素直に表したコメント
４．自分の考えや立ち位置が伝わる，独自性のあるコメント

Ⅳ　次の文章の内容と合っているものはどれですか。　　　　　　　　　　4

　　漢字と西欧のアルファベットを並べて比較するのは，大きな誤りを含んでいる。アルファベットは単に表音機能しか持っていないが，漢字はさらに表意機能も持っているからである。「山」とか「河」という漢字は，それぞれ音と意味を持った言葉だが，アルファベットは言葉ではない。それが言葉となるためには，単なる表音記号であるものを，例えば「mountain」とか「river」という具合に適切なかたちに組み合わせて，意味を与えなければならない。漢字に対応するものはアルファベットではなく，アルファベットから形成された言葉，つまり語彙である。比較するなら，言葉同士を，すなわち漢字と英語の語彙とを比較しなければならない。外国人は，一つ一つの漢字の形態と意味を習得するのは大変だというが，英語の場合も，それぞれの単語の形態（綴り）と意味を学ばなければならないのだから，その難しさは同じである。漢字は数が多いという嘆きについても，英語の語彙のことを考えてみれば似たようなものである。

（高階秀爾『日本人にとって美しさとは何か』筑摩書房）

1．日本語の学習は英語の学習と比べて難しい。
2．漢字には表意機能はあるが，表音機能はない。
3．アルファベットはそのままでは漢字に対応しない。
4．英語の単語の形態は，漢字の形態よりも覚えにくい。

Ⅴ　この文章によると，タネツケバナの名前の由来として，最も適当なものはどれですか。

5

　　春は農作業が始まる季節です。田んぼの一年は，田起こしと種モミを水に浸けることから始まります。種モミを川の水に浸けるのは，水を十分に吸水させるとともに，種モミのまわりに含まれる発芽抑制物質を流し出すためです。

　　こうして水に浸けることで，冬が終わり発芽の季節がきたことを種モミに教えて芽を出させるのです。現在では，種モミの浸水は川ではなく，水槽に浸けます。

　　春先に水辺に白い花を咲かせるのがタネツケバナです。タネツケバナは，花が咲き終わるとたくさん種をつけるので「種付け花」だと思われがちですが，本当は，イネの種モミを水に浸ける頃に咲く「種浸け花」に由来しています。

　　こうして昔の人たちは，カレンダーに頼ることなく，野山の生きものの営みに季節を感じていたのです。

(稲垣栄洋『田んぼの生きもの誌』創森社)

1．開花後の花に多くの種がつくこと
2．種モミを水に浸ける時期に花をつけること
3．春に，イネのある水辺で花を咲かせること
4．花のあとにできる種がイネの栄養となること

VI　次の文章で筆者は，西洋と東洋の時間の感覚の違いをどのように言っていますか。

6

　　私たちは通常，時間は過去から現在そして未来へと一方的に流れているものと考えている。「すすむ」時間の観念である。事実，時間が経つとともに，生物は年をとり，物は古びていき，埃（ほこり）は溜まっていくから，ものの変化を通じて認識する時間は不可逆的に前に進んでいくとするのがふつうである。これに対し，お正月が来ると「新年おめでとう」と言うのは，過ぎ去った年（旧い時間）からこれから迎える年（新しい時間）が今ここから始まることを＊寿（ことほ）ぐ気持ちが込められているためと思われる。つまり，この場合時間は円環的に繰り返すという観念があり，「めぐる」時間の思想が背景にある。一般には，西洋では「すすむ」時間の感覚が強く，時間とともに成長し発展することを当然としてきた。他方，東洋では「めぐる」時間を大事にする気質が勝り，同じことを繰り返しながら年月を重ねていくこと，つまり「循環」という考え方が重要だとしてきた。

（池内了『ねえ君、不思議だと思いませんか？』而立書房）

　＊寿ぐ：言葉で祝福する。祝いの言葉を述べて幸運を祈る

１．東洋も西洋も，時間は過去から未来へと一方向に流れると考える。
２．西洋では時間は循環すると考えるが，東洋では時間は一方向に流れると考える。
３．西洋では時間は一方向に流れると考えるが，東洋では時間は循環すると考える。
４．西洋では時間は繰り返すと考えるが，東洋では時間は発展すると考える。

VII　下線部「面喰いではなかった」とはどのような意味ですか。　　　　　 7

　日本の大学，教師の書く推薦状がアメリカではまるで信用されないらしい。本当のこと
が書いてないからだという。どんな優秀な学生でも，一つや二つ欠点のないはずがない。そ
れを正直に書くのが，インテレクチュアル・オネスティ（知的正直，誠実）である。

　日本人の推薦はおしなべてそれに欠けているというのが定評になってしまったというの
は情けない話である。困ったことだ。

　もちろん日本にも国際的に通用する推薦状の書ける人がいないわけではない。私の知る
限りでは，亡くなったが，名古屋大学の英文学教授だった川崎壽彦氏は〝正直〟な推薦状
を書いた。それにアメリカ側も応じて，推薦された学生はみな希望する大学へ招かれた。川
崎さんは面喰いではなかったのである。

（外山滋比古『聴覚思考』中央公論新社）

１．学生の行動ではなく，内面を重視していた。

２．学生の欠点も含めて，推薦状を書いていた。

３．大学に合格するように学生を厳しく教育していた。

４．有名校でなくても学生に合っている大学を紹介していた。

Ⅷ　次の文章の内容と合っているものはどれですか。　　　　　　　　8

　＊博士らは「恐怖」と「嫌悪」の表情について実験を行いました。気に留めたことがない人が多いかもしれませんが，恐怖と嫌悪は，同じ「負」の感情であるものの，表情としては対照的です。筋肉の使い方が正反対なのです。…（略）…

　サスキンド博士らは，被験者にそれぞれ恐怖の表情と嫌悪の表情をさせて，そのときに生じるさまざまな身体の変化を調べました。ここで注意したい点は，被験者は自身の感情に従って恐怖や嫌悪の表情をするのではなく，ただ恐怖や嫌悪を感じているフリをするだけということです。

　面白いことに，恐怖の表情を作ると，それだけで，視野が広がり，眼球の動きが速まり，遠くの標的を検知できるようになりました。さらに，鼻腔が広がり，呼吸の気息までもが高まったのです。一方，嫌悪の表情を作ると，まったく逆に，視野が狭くなり，鼻腔が狭まり，知覚が低下しました。

（池谷裕二『脳には妙なクセがある』扶桑社）

＊博士：トロント大学の心理学者であるサスキンド博士

１．恐怖や嫌悪を感じると外部への感覚が敏感になる。
２．恐怖と嫌悪は両方とも負の感情であり同じ表情になる。
３．恐怖や嫌悪の表情を作ると，体の各部にも変化が生じる。
４．恐怖と嫌悪は異なる表情だが筋肉の使い方は同じである。

IX　次の文章で，筆者が最も言いたいことは何ですか。　　　　　　　9

　　人は自分に自信があれば，あまり傷つかない。小さく貧しい家に住んでいる人がいる。恋人が自分の友人の家について，「あの人の家，すごい豪邸よ」と言っても，自信があれば傷つかない。

「この恋人はどんなことがあっても，自分についてくる」という自信があれば，「あー，そー」ですんでしまう。

　　そして「心がふれあう」ことと自信とは鶏と卵なのである。自信があるから人とふれあえる。人とふれあえるから自信を持てる。

　　自信こそが，人生での様々なストレスを和らげ，人生に安らぎを与えてくれるものなのである。

　　人は人から気に入られよう，認められようと頑張れば頑張るほど，自信を失っていく。

（加藤諦三『心が強い人 少し弱い人』三笠書房）

１．自分に自信があれば，人生のストレスは和らげられる。
２．自分以外の人間が褒められると，傷つくことが多い。
３．相手を信用することが自信を持つための近道である。
４．認められようと努力することで，自信がついてくる。

Ｘ　筆者が，＜芥川が青年の弟子入りを断った話＞を「好きな話だ」という理由はどれですか。

10

　何で読んだのか，十六か七の頃に読んだ逸話を思い出した。＊芥川龍之介のところに一人の青年が訪れ，弟子入りを願い出て言った。「私は数学や物理は大の苦手ですが，文学には情熱を抱いています」——それを聞いた芥川は＊＊言下にこう答えたという。「数学や物理の嫌いな人が文学をやっても仕方がない。帰りなさい」

　好きな話だ。といって僕が，数学や物理が特に得手というわけではない。ただ，あらゆる科学の基礎となり，曖昧な答えや誤りの許されない数学や物理について「俺の仕事にはまったく関係ない」という態度では，文学をはじめどんな分野のことでもしっかりとは身につかないと思う。

（赤瀬川隼『人は道草を食って生きる』主婦の友社）

　＊芥川龍之介：有名な日本の小説家
　＊＊言下：相手が話し終わるか終わらないかのうちに

１．訪ねてきた青年が文学に向いていないと見抜いた芥川の鋭さに感心したから
２．青年の弟子入りを即座に断った芥川の決断力に潔さを感じたから
３．有名になっても弟子を持とうとしない芥川の謙虚さを尊敬したから
４．文学にも数学や物理の考え方は必要だという芥川の考えに賛成したから

このページには問題はありません。
次のページに進んでください。

XI　次の文章を読んで後の問いに答えなさい。

　これなら絶対にうまくいく，上司もすぐにＧＯサインを出してくれるだろう，という仕事のアイデアを思いついたとしよう。

　それを実現するには，まず企画書を作って，上司に提案する，あるいは，部署の会議にかける。何かアクションを起こしてこそ，次へと展開していくものだ。

　それに必要なのは，スピードである。

　これに有効なのが，まず声に出してみることだ。とりあえず上司に，

「取り上げてほしい企画があるんです。まずは文書で提出しますから見てください！」

　と言ってみる。

　すると，もう後戻りができなくなる。その日やらなければならない業務を終えたあなたは，そのまま会社に残り，パソコンに向かって企画書を一気に仕上げるだろう。

　そして，翌朝，上司に提出する。

　あなたの行動力は，企画書の内容うんぬんの前に，上司にインパクトと，いい印象を与えるだろう。

　しかし，そのことを口に出さずに進めたらどうだろう。

　上司に言う前に，企画書を作らねば，と考える。

…（略）…

　まだ上司に伝えたわけではないのだから，急ぐ必要はない。

　目の前の仕事をきちんとしないのに，企画書なんて出したら，目を通してくれるどころか，上司に叱り飛ばされるのがおちだ。…（略）…

　そうこうしているうちに，積極的に何かやるよりも今のまま，与えられた仕事だけやっていたほうがいいように思ってしまう。

　結局アクションを起こさずに終わってしまう。

　いろいろ考えてすっかりあなたは疲れてしまっているのに，上司は何も知らない。

（和田秀樹『「あれこれ考えて動けない」をやめる９つの習慣』大和書房）

問1　下線部「口に出さずに進めたら」とありますが，筆者はどうなると考えていますか。

11

1．自分のアイデアの欠点ばかり意識してしまう。

2．上司を驚かせることにつながり評価が上がる。

3．良い変化を生まず，自分が疲れるだけに終わる。

4．急がず，じっくり企画書を作ることができる。

問2　筆者の考えと合っているものはどれですか。

12

1．思いついたことを周囲に宣言し，行動を起こすべきだ。

2．上司は部下の努力する姿を見逃さないようにすべきだ。

3．企画書を作るのならばまずは上司と相談すべきだ。

4．人間というのは積極性よりも消極性が強い存在だ。

XII　次の文章を読んで後の問いに答えなさい。

　　日本の伝統的な考え方では，食事をとるとはミをとることであった。ミとは魂と書いて
もよいし，霊と書いてもよい。つまり，生命の根本的なものをいただく，ということであ
る。それに対して，ミを入れている容器がカラである。食べ物としてみえているのはカラ
で，ミをいただくために，カラも一緒に食べる。日本の伝統的な食事のマナーは，静かに，
厳粛に食べることを基本にしている。ヨーロッパのように楽しく食べるのではない。それ
は食事とはミをいただくことで，いわば生き物の生命をいただくから，その生命が自分の
生命になると考えられていて，その意味では食事とは他の生命を摂取することなのである。
　　（　Ａ　），自分のために犠牲になる生命への感謝が必要になる。日本では，神が人に与
えた糧ではなく，生命的世界，霊的世界からいただく糧であり，したがって食事のときの
祈りの対象は神ではなく，霊的世界になる。あるいは絶対神ではなく，霊的世界を形成す
る神々である。この精神を基底において，日本では食事の作法が生まれた。もったいなく
もありがたいこと，という気持を表わそうとすれば，そこには厳粛な空気が流れる。
　　近代化とともに食事で摂るものが生命から栄養に変わり，人間は他の生命からミをいた
だきながら生きているという感覚がなくなったとき，伝統的な食事の作法も崩壊した。

　　　　　　　　　　（内山節『日本人はなぜキツネにだまされなくなったのか』講談社）

問1　（　A　）に入るものとして，最も適当なものはどれですか。　　　13

1．だから
2．ところが
3．また
4．反対に

問2　下線部「伝統的な食事の作法」について，最も適当なものはどれですか。　14

1．生命への感謝があれば，どのように食べてもよい。
2．自分が生きていることに感謝しながら楽しく食べる。
3．糧を与えてくれた絶対神に祈りを捧げながら食べる。
4．糧となった生命に感謝し，厳粛な雰囲気の中で食べる。

XIII　次の文章を読んで後の問いに答えなさい。

　　多くの人がコミュニケーション過多に陥り，人間性が薄くなっているのではないかと心配しています。

　　もちろん，人間が社会生活を営むうえでコミュニケーションは欠かせないものです。デジタル時代なりのコミュニケーションの形があることも，私は否定しません。

　　しかし，常にコミュニケーションしている状態が持続していることによって，現代人は自分自身に向き合ったり，自分自身を掘り下げたりする作業が疎かになっているのではないかと，私は危惧しているのです。

　　自分と同じようなレベルの人とのやりとりは，水平的コミュニケーションと言えます。ネットを介してのコミュニケーションは，ほとんどがこの水平的コミュニケーションです。

　　そして，水平的コミュニケーションの中で交わされる会話は，平坦なものになりがちです。そのため，なかなか自分の人間性を深めることができません。いわゆるおしゃべりのレベルに留まってしまい，奥行きがないのです。

　　それに対し，読書は垂直次元の思考を深める作業です。それは水平的コミュニケーションとはまったく異質の作業だと言えるでしょう。

　　読書によって得た情報や思考を，咀嚼し，自分の中で再構築していくのです。その作業が，個々人の人間性に深み（奥行き）を培っていくことになります。

（齋藤孝『大人のための読書の全技術』KADOKAWA）

問1　常にコミュニケーションをしている状態が持続していることの問題点として，最も
　　　適当なものはどれですか。　　　　　　　　　　　　　　　　　　　　　　　15

1．コミュニケーション能力が低下してしまう。
2．狭い人間関係しか構築できなくなってしまう。
3．自分自身を見つめる機会を逃してしまう。
4．読書をする時間が失われがちになってしまう。

問2　この文章で筆者が最も言いたいことはどれですか。　　　　　　　　　16

1．デジタル社会独自のコミュニケーションを構築すべきだ。
2．読書をすることによって人間性を深めるべきだ。
3．垂直的な思考を深めるようなネットの使い方をすべきだ。
4．読書は人間性を深めるものなので本選びは慎重にすべきだ。

XIV　次の文章を読んで後の問いに答えなさい。

　イグサは，湿地などに生える野生の植物だが，細く長い茎が*畳表やござの材料として古くから改良されて，栽培されてきた。畳は日本独特の文化である。湿度が高い日本では，吸湿性の高いイグサは敷物の材料として優れていた。生活が洋風化した現代では，畳のない家も少なくないが，どんなに時代が進んでも，和室の畳の上でゴロゴロするときの畳表の香りと肌ざわりのよさは爽快である。畳はいつまでも日本人に愛されていくことだろう。

　長く針のように伸びているのは，茎である。それでは葉はどこにあるかというと，イグサの葉は退化していて，茎の根もとで茎を包む葉鞘（ようしょう）になっている。

　イグサの茎は外側は硬いが，中はやわらかいスポンジ状になっている。この茎の構造が畳に適度な弾力性と，吸湿性を与えている。茎の中のスポンジ状の芯は，油を吸い上げるので，古くは**行灯（あんどん）の灯心に用いられた。そのため，イグサには「灯心草」という別名もある。

　茎しか見えない奇妙な姿だが，イグサにも花は咲く。夏になると，イグサは茎の途中に花を咲かせるのである。しかし，考えてみるとこれは奇妙である。茎の途中にいきなり花が咲くことなどあるのだろうか。じつは花の咲く花茎は，根もとから花までの部分が茎で，その上は苞（ほう）と呼ばれる花を包む葉である。一般の植物では苞は小さく退化しているが，イグサは発達していて茎と同じように細く長く伸びている。

（稲垣栄洋『残しておきたいふるさとの野草』地人書館）

＊畳表：イグサを編んで作った，床にしくもの。畳の表につける

＊＊行灯：照明器具の一つ

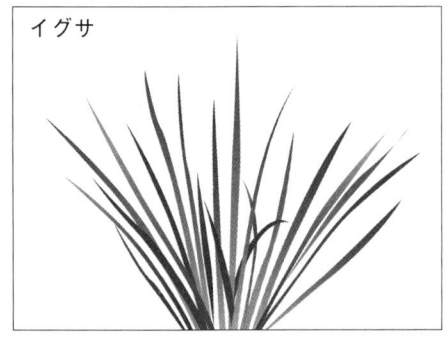

イグサ

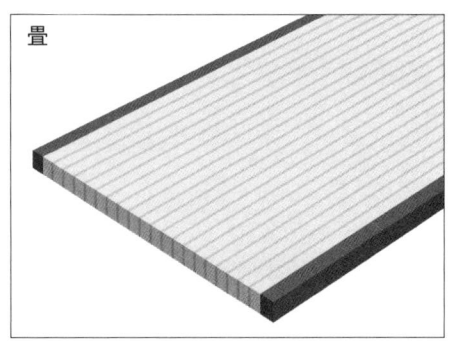

畳

問 1　イグサの吸湿性が高い理由として，最も適当なものはどれですか。　　17

1．イグサの中はやわらかいスポンジ状になっているから
2．イグサの茎の外側はやわらかくなっているから
3．イグサには苞とよばれる花を包む葉があるから
4．イグサは湿度が高い日本で昔から栽培されているから

問 2　この文章の内容と合っているものはどれですか。　　18

1．イグサの葉は退化している部分と発達している部分がある。
2．イグサの花は，茎の途中に咲くめずらしいものである。
3．イグサから作られる畳は日本では時代遅れになっている。
4．イグサは敷物以外の用途で使われることはない。

XV　次の文章を読んで後の問いに答えなさい。

　　人間の集合体である社会にも，草原のような社会と森のような社会があるように思います。

　　石づくりのヨーロッパの国々は，数百年間の蓄積の上に築かれた，森のような社会に見えます。経済危機が伝えられているような国でも，じっさいに行ってみると，人々はゆうゆうとくらしており，蓄積の厚さからくる（　Ａ　）のようなものに圧倒されることがあります。

　　それにひきかえ，20〜30年の周期で家を建てかえている日本の社会は，草原のような社会といえます。住まいという，もっともお金のかかる生活の基盤が，20〜30年ごとにゼロにもどってしまうのです。そのため，いつまでたっても社会は草原のままで，賃貸住宅に住む人も，自分の家をもった人も，くらしにゆとりができません。

　　建てかえをしたアパートは，かならず家賃が高くなり，住む人の家計を圧迫します。自分の家をもった人も，人生のかなりの部分を，ローンの返済についやさなければなりません。一つの世代が，それだけ苦労して家を建てているのに，つぎの世代はまた建てかえをし，同じ苦労をくり返します。豊かな国といわれながら，日本人の多くは豊かさを実感できずにいますが，それも当然で，じっさいにも，社会にそれだけの蓄積ができていないのです。

　　　　　　　　　　　　　（河津千代『知っていますか　日本の自然と木の文化』リブリオ出版）

問1　（　A　）に入る言葉として最も適切なものはどれですか。 `19`

1．世代の多様性
2．経済の成長
3．社会の底力
4．歴史の移り変わり

問2　筆者は，下線部「社会は草原のまま」である直接の理由は何だと言っていますか。
`20`

1．日本人は，人生の大半を仕事に費やしているから
2．日本では，石で作った堅固な家が好まれないから
3．日本人は，経験を知識に変えるのに時間がかかるから
4．日本では，短い期間で住居を建てかえるから

XVI　次の文章を読んで後の問いに答えなさい。

　暗記の基本は，なんといってもリハーサル，つまり反復である。リハーサルすることで，短期記憶から長期記憶に送り込むことができる。

　電話をかけるときに，電話番号を頭の中で繰り返しながら，あるいは口ずさんで繰り返しながら，電話番号をプッシュし終えるまで覚えておかなければならないことがある。そのようなときの要領と同じである。

　電話番号のようにすぐに用なしになるものは，その場で忘れてよい。だが，もっと長く記憶に定着させておきたい場合は，たんなるリハーサルでなく，<u>多チャンネルを用いたリハーサル</u>を行うのがよい。多チャンネル，つまり五感を総動員するのである。

　たとえば，イベントの標語を覚えなければならないとか，会社の経営理念を頭に入れなければならないなどというときは，目で読んで黙読でリハーサルするだけでなく，声をだしてみて耳にも音響効果を繰り返し与える。さらには，紙に書いてみて，手の感覚も繰り返し刺激する。できるだけ多チャンネル化してリハーサルするように工夫する。それによって，さまざまなかたちで手がかりが記憶に刻まれるため，忘れにくい。

　リハーサルは，時間をおいてときどき繰り返すと効果的である。数分後に試してみる。数十分後に試してみる。1時間後に試してみる。数時間後に試してみる。寝る前に試してみる。翌朝試してみる。というように，しだいに間隔をおくようにする。

（榎本博明『記憶力を高める科学』SBクリエイティブ）

問1　下線部「多チャンネルを用いたリハーサル」の例として，最も適当なものはどれですか。　　21

1．複数の参考書を使って理解を深める。
2．音楽を聴きながらリラックスした状態で勉強する。
3．暗記したい単語を見ながら繰り返しノートに書く。
4．暗記したいことを何度も声に出してみる。

問2　筆者の考えと合っているものはどれですか。　　22

1．暗記をする時は，なるべく1つの方法に絞って取り入れた方がよい。
2．反復をする時期はなるべく間隔をあけない方がよい。
3．短期記憶から長期記憶にするためには反復する必要がある。
4．音読よりも黙読した方が記憶に残りやすい。

XVII　次の文章を読んで後の問いに答えなさい。

　(1)ある洗剤の宣伝がテレビでさかんに流れていました。この洗剤のメリットはどんな温度でもきれいに洗えるということで，そのことをさかんに宣伝していたんですが，売れ行きはどうも 芳(かんば)しくなかったようです。

　ぼくは当時テレビのコマーシャルを見ながら，「どんな温度でもきれいに洗える」って，そんなことがどうして大切なんだろうと不思議に思っていたことを憶えています。どうしてそんなことを宣伝するんだろう，ってね。

　ところがこの疑問は，アメリカに留学すると，あっという間に解けてしまったんですね。「(2)あ，そういうことか！」って。

　ぼくがアメリカに留学したのは一九七五年のことですが，当時の日本では，おふろの残り湯を洗濯に使う場合でなければ，洗濯は水道の水をそのまま使うのが普通でした。今でもこの点ではたいしてかわっていないんじゃないだろうか。…（略）…

　ところがアメリカで生活を始めてみると，洗濯機に温度調整のダイアルが付いていて，洗濯物の種類によって設定する水温をその都度切り替えるようになっているんですね。汚れがきつい綿製品の場合は熱いお湯を使い，普通の綿製品の場合にはぬるめのお湯を使う。型崩れのしやすい繊細な衣類の場合には冷たい水を使うといったふうに，洗濯に使う水の温度を選ぶようになっているんです。

　だから，洗剤もそれぞれの温度に合ったものを使うのがふつうでした。冷たい水用の洗剤，お湯用の洗剤というふうに，いくつかの種類の洗剤を用意する必要があったんです。そこに登場したのが，すべての温度でうまく洗うことができる「全温度」の洗剤で，「これは便利だ！」ということでアメリカでは大ヒットしたんです。

　それをそのまま日本に持ってきてアメリカと同じ売り込み方をしたのが，ぼくが不思議に思ったコマーシャルだったんですね。アメリカで暮らし始めてすぐに「あ，そういうことか！」と気がついたのは，コマーシャルを作ったアメリカの会社の人たちは，日本人は洗濯のために水の温度を使い分けていないということに気づかないで，アメリカと同じやり方で洗濯機を使っているだろうと思い込んでいたんだな，ということです。

（山岸俊男『「しがらみ」を科学する』筑摩書房）

問1　下線部(1)「ある洗剤」の日本とアメリカでの売れ行きはどうでしたか。　23

1．日本：非常によく売れた。　　　アメリカ：非常によく売れた。
2．日本：非常によく売れた。　　　アメリカ：売れ行きは良くなかった。
3．日本：売れ行きは良くなかった。　アメリカ：非常によく売れた。
4．日本：売れ行きは良くなかった。　アメリカ：売れ行きは良くなかった。

問2　下線部(2)「あ，そういうことか！」とありますが，筆者はどういうことに気が付いたのですか。　24

1．日本の洗濯はお風呂の残り湯を使うことが一般的なこと
2．日本には洗濯で水の温度調整を行う文化がないこと
3．アメリカの洗濯では気温によって水の温度を変えること
4．アメリカでは洗濯の時に水温に合わせて洗剤を変えること

問3　筆者が最も言いたいことは何ですか。　25

1．自国の常識が他の文化圏では当たり前でないことがある。
2．先進国であれば洗濯や料理といった生活方法はかわらない。
3．留学してみることで，疑問が解けることがある。
4．同じ商品でも国によってコマーシャルの作り方が違う。

第1回の問題はこれで終わりです。

解答・解説はp.314を参照してください。

第2回

実戦問題

解答時間 70 分

正解と得点分布図確認

QRコードを読み取っ
てオンライン解答用
紙に解答を記入し、正
解と得点分布を確認
してください。

記述問題
説明

　　記述問題は，二つのテーマのうち，<u>どちらか一つ</u>を選んで，記述の解答用紙に書いてください。

　　解答用紙の<u>テーマの番号</u>を○で囲んでください。

　　文章は横書きで書いてください。

　　解答用紙の裏（何も印刷されていない面）には，何も書かないでください。

記述問題

　以下の二つのテーマのうち，どちらか一つを選んで 400〜500字程度で書いてください（句読点を含む）。

1．

　高齢者の生活を支える上で，国や自治体が行う社会保障のサービスが重要になっています。一方で，高齢の親の生活は，その家族が支えるべきだという意見もあります。

　高齢者の生活を支える責任は，国や自治体にあるのか，家族にあるのか，あなたの考えを述べなさい。

2．

　高齢者や障害のある人が暮らしやすい社会をつくる上で，一人ひとりが積極的にサポートする気持ちが大切です。一方で，何でもサポートしていたら，かえって本人の自尊心を傷つけてしまう心配もあります。

　どのようなサポートが適切なのか，具体例を挙げながらあなたの考えを述べなさい。

読解問題
説明

読解問題は，問題冊子に書かれていることを読んで答えてください。

選択肢１，２，３，４の中から答えを一つだけ選び，読解の解答欄にマークしてください。

Ⅰ　次の文章は，シジュウカラという鳥の鳴き声となわばりについて述べたものです。本文の内容と合っているものはどれですか。　　　　　　　　　　　　　1

　実験をする森の一画に＊なわばりを持っている雄を全部捕まえて，みな取り除きました。そうして持ち主がいなくなった場所を三つに分け，一カ所は，そのまま空にしておきました。もう一カ所には，雄が持っていたなわばりの中に四つのスピーカーとテープレコーダーとをぐるりと配置し，その雄のさえずりが時間をおいてあちこちのスピーカーから流れるようにしました。残りの一カ所は，…（略）…雄のさえずりではなく，ピーピーという単調な笛の音にしました。

　そうしたところが，実験を開始してたった八時間ぐらいの間に，持ち主がいなくてさえずりも聞こえないという区画と，笛の音がするだけの区画には，さっそく新しい雄たちが入り込んでなわばりを乗っ取ってしまいました。一方，スピーカーでさえずりを流している区画には，誰も侵入しませんでした。しかし，スピーカーによる＊＊はったりは，そう長くは持ちませんでした。二日もすると，いくらスピーカーでさえずりを流しても，本人がいないことが明らかになったらしく，すべてのなわばりは，他の雄によって占有されてしまったのです。

（長谷川眞理子『生き物をめぐる４つの「なぜ」』集英社）

　＊なわばり：勢力範囲。他の個体の侵入を許さない地域
　＊＊はったり：相手を威圧するために大きな言動をすること。ここでは，雄が存在する
　　　　　　　　ふりをすること

1．さえずりが聞こえている間は，他の鳥は近寄らない。
2．笛の音が流れていれば他の鳥は近寄らない。
3．なわばりの主がいることが分かっていれば，他の鳥は近寄らない。
4．一度なわばりになった場所は他の鳥のなわばりにならない。

Ⅱ　次の文章はコンテストの作品募集の案内です。この文章によると応募者は応募するために まずは何をしなければなりませんか。

ビジネスモデルコンテスト　作品募集

　社会問題の解決や社会の利便性を高めるなど，世の中を明るくするためのサービス・アプリ・製品のアイディアを募集します。このコンテストでは企画書による審査をし，入賞者の作品は実用化を目指します。

○応募資格○
　日本または海外に在学している大学生（個人または団体）

○募集内容○
　サービス・アプリ・製品のアイディア（実際にサービス・アプリ・製品を作る必要はありません。企画書およびプレゼンテーションで判断します。）

○審査スケジュール○
　事前審査　　　　　　　　　　　　2 /10～2 /20
　事前審査結果通知　　　　　　　　2 /23
　プレゼンテーション講座　　　　　2 /28
　プレゼンテーション大会・表彰式　3 /10

○応募方法○
　協会のホームページから「企画書」をダウンロードして必要情報を入力してください。ダウンロードの締め切りは事前審査の最終日の3日前です。企画書にアイディアを記入し協会あてに郵送してください。その企画書を基に事前審査を行います。
　事前審査の通過者にはメールにて通知を致します。通過者はメールにプレゼンテーションの資料を添付して返信してください。プレゼンテーション講座までに資料の送付がなかった場合，コンテスト辞退とさせていただきます。

○注意事項○
　応募資格を満たしているか確認を行うため、ホームページから企画書をダウンロードする前に、学生証の写真を協会のホームページ上でアップロードする必要があります。あらかじめ、写真の準備をお願いします。

○応募先○
　〒987-6543　東京都新宿区○-○○-○
　東京学生協会　ビジネスモデルコンテスト事務局

1．学生証の写真をホームページに登録する。

2．プレゼンテーション用の資料をメールで送る。

3．ホームページから企画書をダウンロードする。

4．プレゼンテーション大会に出席する。

Ⅲ　筆者は，ギリシアでさまざまな学問が栄えた理由は何だと考えていますか。　　　**3**

　　ギリシアでは，哲学に限らず，数学や音楽や詩など，さまざまな学問が栄えました。では，どうしてギリシアでこれだけ学問が花開いたのでしょうか。

　　いろいろな理由はあると思いますが，やはり一番大きいのは奴隷制だと私は思います。

　　奴隷制がない世界は，知的な営みに時間を割くことができません。ギリシアは国力を蓄えて周辺の地域を征服して，奴隷制を確立しました。その奴隷制の上に立った市民社会において，市民同士だけは平等である「民主主義」をつくりあげました。

　　現代社会で奴隷制があったら，誰もそれを民主主義とは呼びません。その意味で，古代ギリシアの民主主義と現代の民主主義は，名前こそ同じでも，その中身はまったく違っていました。

　　さて，奴隷制によって何が生まれたか——。それは「暇」です。雑事から解放されたがゆえに，市民は知的な活動をする時間ができたのです。

（竹内薫『科学予測は8割はずれる』東京書籍）

1．ギリシアでは平等な民主主義が実現し，学問の自由があったから
2．奴隷によって周辺の地域を征服し，同時に知識も吸収していったから
3．市民も奴隷も知的好奇心が強く，知的活動のための時間を積極的に作ったから
4．市民は奴隷に雑事をさせ，知的活動に充てる時間を持っていたから

IV　下線部「その」が指している内容はどれですか。　　　　　　　　　4

　20万年前，アフリカ大陸から陸地を伝って新しい世界へ進出したヒトは，世界各地に散らばり広がっていった。かつて森からサバンナに進出したときのように，それは大きな困難を伴ったことは想像に難くない。

　そうしたリスクを冒してまで，なぜ彼らは外界に出て行ったのか。今よりもはるかに人口が少ない時代であり，アフリカ大陸にヒトが増えすぎて飽和状態になった，ということも考えにくい。

　私は，その要因は，好奇心ではないかと思う。脳が大きくなることにより，ヒトは物事の因果関係をより深く考えるようになった。すると，今自分たちが生活している世界を客観視することができるようになり，同時に，さらに外の世界には何が広がっているのか，と考えるようになる。そうした冒険心から，彼らは別の大陸へ渡っていったのだと，私は考えている。

（長谷川眞理子「ヒトはなぜヒトになったか」『科学は未来をひらく』筑摩書房）

1．人類が森林からサバンナに進出したこと
2．アフリカ大陸から別の大陸に進出したこと
3．自分自身を客観視するようになったこと
4．アフリカ大陸の人口が飽和状態になったこと

Ⅴ　下線部「以後いっさい質問もしないで」の理由として，最も適当なものはどれですか。

5

　説明にはいろいろ方法があるが，抽象的な言葉を長々連ねるよりも，…（略）…相手の親しいもので，それに似たものを考え出し，あれのようなものだと言うのが一番いいことがある。

　渋沢秀雄氏から聞いた話であるが，渋沢氏があるとき，日本へ来たばかりの外国人を案内して歌舞伎へ入ったところが，出し物がちょうど「**勧進帳」であった。外国人は，例によって，*あすこにいる人間は何者だ，手に持っているものは何だ，といちいちたずねる。「山伏」と言っても通じず，「勧進帳」というものも説明しにくい。そこで渋沢氏は思いついて，「これは昔パスポートなしで税関を通りぬけようとしている話だ」と言ったところ，外国人「オー・アイ・シー」と，にっこり笑い，以後いっさい質問もしないで興味深げに舞台を見ていたという。こういう場合，渋沢氏が「***源　義経が兄頼朝にうとまれて……」とそもそもから説明を始めたら時間もかかろうし，そうしたところでその説明は相手に複雑すぎて通じにくかったに違いない。

（金田一春彦『日本語を反省してみませんか』角川書店）

　＊あすこ：「あそこ」と同じ
　＊＊勧進帳：歌舞伎の演目の一つ
　＊＊＊源義経・頼朝：ともに歴史上の人物で，兄弟

１．外国の文化である歌舞伎を理解することを断念したから
２．歌舞伎を自分の国の文化と重ねて理解したから
３．身近な例をあげて説明され，内容を理解できたから
４．以前「勧進帳」を自分の国で見たことがあったから

VI　下線部「『劇的』とはたとえばこういうものだ」とありますが，事件が「劇的」になるための要素として，筆者が最も注目しているものは何ですか。　　　6

「劇的」とは，たとえばどういうものか。あるデパートに＊ワンマン社長がいた。逆らう者をことごとく追放し，重役陣は腹心と言いなりの人形だけで固めた。ところがある日の取締役会で唐突に「社長解任」の動議が出され，即座に彼を除く全員の賛成で可決された。社長はそのとき叫んだという。「なぜだ！」。「劇的」とはたとえばこういうものだ。

　突然の逆転が劇的なのか。それもある。だがこの逸話が劇的な印象を与えるのは何よりも「なぜだ！」のひと言のためである。この叫びは，安定していたはずの世界の秩序が一瞬にして崩れさり，彼には理解できないものになってしまったことを示している。理解さえできないとすれば，元の秩序を回復する方法などわかるわけもない。またこの叫びは，彼の動揺と興奮を示している。つまり彼の内面のパニックがこの事件を劇的にしているのである。

（尼ヶ崎彬『ダンス・クリティーク』勁草書房）

　　＊ワンマン：自分の思い通りに振舞う人

　１．事件の当事者の内面的な動揺
　２．事件の突然性と非日常性
　３．事件に関わる人の多さ
　４．事件による世界の秩序の崩壊

Ⅶ　次の文章の内容と合っているものはどれですか。　　　　　　　　7

　現実に対してタフに生きていく。それが知性の試されるところです。その上で大事なの
は原理原則ですが，これは「こうでなければいけない」と主義主張にこだわることとは違
います。それでは現実に対する融通がききません。自説に凝り固まってしまっては全体が
見えないし，話し合いが必要な局面で自分の価値観を主張だけしていては，交渉にはなり
ません。

　では，硬直するのではいけないからといって，こだわりを捨てれば柔軟になれるわけで
もありません。それでは大勢が右へ流れたらそれに付き従うだけの，単なる事なかれ主義
です。

　＊手をこまねいて傍観することは柔軟な態度ではありません。硬くなるのでもなく，現実
問題に左右されるのでもない。自分の中の原則は持ち，それにしたがって生きつつ，現実
を生きていく上では原則を修正しながら臨機応変に生きていく。そういう柔らかでタフな
生き方が知性的だと思います。

（齋藤孝『知性の磨き方』SBクリエイティブ）

　＊手をこまねいて：何もしないで，ただ見ていること

1．自分を捨てて，世の中の原理原則に合わせることが大切である。
2．どういう局面でも，中立の精神をもって生きていくことが必要である。
3．自分の中の原則を確立するためには，現実問題に左右されてはいけない。
4．自分の原則を保ちながらも，時には現実に合わせる柔軟さが必要である。

VIII　下線部「それ」が指す内容として，最も適当なものはどれですか。　　8

　エネルギーの流れに注目するという方法は，相手に対してだけでなく，仕事のプレゼンテーションなど自分で何かを発表するときにも使えます。自分から言うのは苦手だと思わず，あえて「最もエネルギーをかけたところ」を強調して主張するようにするのです

　私の授業では，よく学生に三〇秒でプレゼンテーションをさせます。このとき，学生には自分が最もエネルギーをかけたアイデアからまず発表するようにと指示しています。三〇秒ですから，そうしないと前置きを聞いているだけで時間切れとなり評価ができなくなってしまいます。…(略)…

　それを徹底すると，全員のプレゼンがものすごく理解しやすくなりました。本人が一番工夫をしたところから入るので，無駄な前置きもなくなります。すると主張がくっきりと浮き立ってきて，「伝わるプレゼン」になっていったのです。

（齋藤孝『いつも余裕で結果を出す人の複線思考術』講談社）

１．恥ずかしがらずに自分から何かを発表すること
２．自分に都合のよいところだけを話すこと
３．三〇秒で自分のエネルギーを出し切ること
４．最もエネルギーをかけたところから話すこと

IX　次の文章で，ベイロック博士が行った実験の結果として正しいものはどれですか。

9

　強いプレッシャーのかかる状況では，普段どおりの実力を発揮することは誰でも困難なはずです。そんなときはどうしたらよいのでしょうか。

　シカゴ大学のベイロック博士らはシンプルな実験を行って，見事にこの疑問に答えました。博士らが提案する対応策は「試験への不安を書き出す」ことです。

　ベイロック博士らは，高等学校の生徒106名に対して，進学と落第がかかる期末試験でこの事実を確認しました。テスト直前に10分の時間を与えて，次の試験科目のどの部分がどう不安に感じているかを具体的に書き出してもらうのです。すると緊張感がほぐれて，10％ほど点数が向上しました。試験に関係ないことを書くのでは効果がなかったことから，気持ちを素直に吐き出すことが重要であることがわかります。ちなみに，堂々として緊張しないタイプの生徒では，書いても成績は変わらなかったとのこと。

（池谷裕二『脳には妙なクセがある』扶桑社）

１．紙に自分の目標を書くと成績が向上した。
２．文字を書くことで生徒に学力向上の効果がでた。
３．試験科目の不安な点を書き出すと緊張が軽減された。
４．偽りの気持ちを書いても効果はあった。

Ⅹ　次の文章の内容と合っているものはどれですか。　　　　　　　10

　　明治のはじめ日本は欧米に倣って初等教育をはじめた。当然ながら，読み書きの能力，リ
テラシイの育成をもっとも重視する教育である。話し聴くことばをどうするか，というの
はヨーロッパでも問題にならなかったのだから，日本が知らん顔をしたのは当然であった
としてよい。

　　生まれてから就学までのことばの教育は家庭でするものときまっていて，家庭ではかな
り，ことばのしつけに気をつかった。この点では，日本と欧米の差はさほど大きくなかっ
ただろうと想像される。

　　日本には文字のことば目のことばを，話し聴く耳のことばよりありがたがる風土があっ
たところが違っていた。昔，中国から渡来した漢字，漢文は目のことばであり，日本人は
漢文を読むことに心を砕きはしたが，漢語で中国の人と会話をしようなどと考える人はな
かったに違いない。言と文は別であり，文の方が言よりも上位であるというのが当たり前
となって，それを怪しむものもなかった。

（外山滋比古『聴覚思考』中央公論新社）

1．日本人は，目のことばを重視していたので欧米に倣って初等教育をはじめた。
2．日本人にとって，書き言葉は話し言葉より優位なものとして扱われていた。
3．生まれてから初等教育を終えるまでのことばの教育は，家庭に任せられていた。
4．明治以降，日本人は，目のことばである漢文を耳のことばに訳そうとした。

XI　次の文章を読んで後の問いに答えなさい。

　ササユリは美しい花色に加えて，花の奥に甘い蜜を持ち，かぐわしい香りがするのも魅力のひとつである。ところが不思議なことに，ササユリの香りは，夕方になると，より強くなる。ササユリの花は見えなくても，夕映えの雑木林のなかから，どこからともなくササユリの花の香りがただよってくるのだ。

　どうしてササユリは，夕方になると強く香るのだろうか。

　ササユリの花は，私たちを楽しませるために咲いているわけではない。花粉を運ばせるために，美しい花びらと芳香で昆虫を呼び寄せているのである。西の空を染めていた夕日が沈み，あたりが暗くなると，ササユリの花に飛んでくるのが，スズメガという蛾である。ササユリは，チョウやハチではなく，スズメガに花粉を運ばせている。夕方になると香りが強くなるのは，そのスズメガが夕方から夜にかけて活動するためだったのである。ササユリの淡いピンク色も，暗いところで目立たせるためである。赤い色は，暗い闇のなかではまったく目立たない。暗い場所では，淡いピンクや白い色のほうがひときわ目立つ。薄暗くなった雑木林で，ササユリの薄いピンクが鮮やかに浮かび上がる光景は，何とも幻想的である。

　スズメガは，長いストローのような口を伸ばして，筒状のササユリの花の奥から蜜を吸う。そのスズメガの体に花粉をつけるために，ササユリは雄しべや雌しべを花の前面に長く突き出している。この美しい花には，さまざまな知恵が詰まっているのである。

（稲垣栄洋『残しておきたいふるさとの野草』地人書館）

問 1　ササユリの香りが夕方からより強くなる理由として，最も適当なものはどれですか。

11

1．ササユリの花粉を運ぶ昆虫が活動するのが夕方以降だから

2．ハチやチョウにササユリの位置を知らせる必要があるから

3．蜜や雄しべ，雌しべのある位置が他の植物とは異なるから

4．ササユリの花は暗闇では目立たない色をしているから

問 2　下線部「さまざまな知恵」の内容の正しい組み合わせとして，適当なものはどれですか。

12

a．暗い中でも目立つ薄いピンクの花を咲かせること

b．美しい花と香りで人間を楽しませていること

c．花が筒状であり，蜜がその前面にあること

d．雄しべや雌しべが花の前面に突き出していること

1．aとc

2．bとd

3．aとd

4．bとc

XII　次の文章を読んで後の問いに答えなさい。

　　自然への適応は，遺伝子に起こる突然変異が環境に有利に働いた個体が，より多くの子孫をのこすという過程の積み重ねから，長いあいだに生まれたと考えられる。熱帯アフリカの住民が，有害な紫外線を吸収するメラニン色素を多く含む皮膚をもち，太陽光線のとぼしい北ヨーロッパに進出した人たちが，紫外線を吸収してビタミンDをつくりやすい，透きとおるように白い肌をしているように。文化も，最終的には個人の創意，工夫，試行錯誤のくり返しが，それぞれの生態条件のなかで，ある範囲の人々に共有され，改変され，蓄積されて，いま見るような多様な文化が生みだされたのであろう。

　（　A　）ヒトの自然の側面である身体特徴とヒトの文化とは，一方が他方を規定するという関係においてではないが，相互に影響しあって長いあいだに作りあげられたものだ。そのようなヒトにおける自然と文化をつなぐ役割を果たしているのが…（略）…「身体技法」，つまり文化によって条件づけられたからだの使い方だといえる。いうまでもなく，次第に広範囲になってきたヒトの相互交流によって，文化のいくつかの要素は，かなりの程度自然条件をこえて移動し，それがさらに文化の変容を，その結果としての身体技法の変化を生みだしている。私たち日本人の最近の住居や履物の変化と，座り方，歩き方の変化などは，そのよい例だ。

（川田順造『もうひとつの日本への旅』中央公論新社）

問1　（　A　）に入るものとして最も適当なものはどれですか。　　　13

1．ところが

2．なお

3．なぜなら

4．だから

問2　筆者は，ヒトの「身体技法」についてどう述べていますか。　　　14

1．自然の側面である身体特徴によって規定される。

2．身体特徴と文化をつなぐ役割を果たしている。

3．日本人の座り方や歩き方の変化を生み出している。

4．文化の要素の一部を条件づける要因となっている。

XIII　次の文章を読んで後の問いに答えなさい。

　多くの脊椎動物（せきついどうぶつ）は，内的状態に対応していろいろな発声を試みるようになる。たとえば，鳥類や哺乳類を観察すると，他を威嚇（いかく）する場合には低く帯域の広い音を出し，恐怖を感じると甲高（かんだか）く震えた声になり，親和性が高く親しみを表わす場合には倍音が多い声を発する。これに気づいたモートンは「情動音響規則」と名付け，実際の小鳥の鳴き声で攻撃性が増すと音程が低く帯域が広くなり，恐怖が強くなると音程が高く帯域が狭くなる傾向を指摘している。さらに攻撃性と恐怖双方が強くなると，高い音程でかつ帯域が広い音になって音程に震えが生じるようになる。人間で言えば緊張した状態に対応し，知らず知らずの間に声が高くなって震え，それがどうしても治まらないことを経験された人も多いのではないだろうか。

　情動と発声の関係はどの動物にも共通しており，明らかにある種の情報を伝えているのである。…（略）…一般に，脊椎動物では声の高い個体ほど体が小さく，声の低い個体ほど体が大きい傾向がある。だから，威嚇するときに声を低くするのは体の大きさを誇張する効果があり，仲良くする意志を表すときに声を高くするのは体が小さいことを示して攻撃を和らげる効果がある。発声パターン（発声の基本周波数や発声頻度）から相手の情動状態を推測することができるのだ。コミュニケーションの第一歩である。

（池内了『ねえ君、不思議だと思いませんか？』而立書房）

問1　下線部「情動音響規則」とはどのような意味ですか。　15

1．感情に連動して，声の音程や帯域などが変化すること
2．人間だけに生じる感情に連動した，発声の変化のこと
3．発声の大きさや音程によって，感情が変化すること
4．発声のスピードによって，感情が変化すること

問2　文章の内容と合っているものはどれですか。　16

1．脊椎動物では，声と個体の大きさには関連は見られない。
2．哺乳類は敵を威嚇するときは高い声を出す傾向にある。
3．発声を観察すると，相手の感情を推測することができる。
4．人間は緊張状態になったとき，一般に低い声になる。

XIV　次の文章を読んで後の問いに答えなさい。

　せっかく覚えたのに，別のことをしているうちに忘れてしまうということがある。また，新たに覚えたことがじゃまをして，以前はしっかり記憶していたはずの内容がぼやけてくるということもある。

　新たな情報入力に干渉されて，以前に記憶されていた事柄が忘却されたり混乱したりするというのが干渉説である。

　新たに覚えたことによって，以前は整理されていた記憶が混乱してしまうというのは，似たような内容を記憶する際にしばしば起こる干渉である。ドイツ語の単語を覚えることで，かつては間違えることのなかった英単語のつづりを間違えてしまうことがある。日本語のつづりと英語のつづりを混同するということは考えにくいが，非常に似ているところがある英語のつづりとドイツ語のつづりが混じり合い，うっかり勘違いしてしまうというのは十分ありえることである。

　新たな情報入力による干渉は，手続き記憶にも起こりがちだ。手続き記憶というのは，運動やスキルに関する記憶である。私は，小学校時代には野球をやっており，しょっちゅうピッチング練習をしていた。ところが，中学に入りテニスのサーブの練習をするようになってから，野球の投球フォームが狂ってしまったことがあった。テニスのサーブの動きと投球の動きに類似した部分があるため，サーブのときの手首の動きが手続き記憶として刻まれることで，投球時の手首の返し方に関する手続き記憶が微妙に乱されたのだ。

（榎本博明『記憶力を高める科学』SBクリエイティブ）

問1　筆者は，野球の投球フォームが狂ったのはなぜだと述べていますか。　17

1．練習しない時間が長期にわたり，記憶がぼやけたから
2．テニスのサーブの動きの記憶が邪魔をしたから
3．テニスを始めたことにより，野球に対する興味を失ったから
4．記憶の整理により，以前の記憶が引き出せなくなったから

問2　この文章の内容と合っているものはどれですか。　18

1．手続き記憶において，幼少期の記憶ほど混乱が生じやすい。
2．複数の記憶が干渉し合い定着を図ろうとするというのが干渉説である。
3．記憶の種類が増えるほど，記憶は系統的に整理され混乱が回避される。
4．類似した内容のものを記憶する際には，記憶の混乱が起こりやすい。

XV　次の文章を読んで後の問いに答えなさい。

　　春になって雪が溶け出すと，山の残雪を何かの形に見立てる「雪形」ができる。雪形は
　昔から農作業を始める時期の目安となっていた。雪形は農作業をする人の姿や鳥，鍬など
　さまざまな形に見立てられている。…（略）…

　　いずれにしても，昔の人たちは暦に頼ることなく，残雪や野山の草花の開花など，自然
　の営みに季節を感じていた。

　　自然現象から季節を判断するというのは，いかにも遅れた感じがしてしまう。しかし，ど
　うだろう。年によって暑い年や寒い年があるのに，毎年決まって同じ日に衣替えするほう
　が（　Ａ　）的ではないだろうか。その点，残雪や草花から判断すれば，暑い年も寒い年
　も，その気候に合わせて農作業を行うことができるのである。

　　もっとも，昔の人は暦ばかりに頼れなかった事情もある。

　　現在，用いられている太陽暦は地球が太陽をまわる周期にもとづいている。一方，*江戸
　時代まで使われていた太陰暦は，月の満ち欠けにもとづいている。そのため，一年間は三
　五四日となり，三年に一度，閏月として一年を十三ヵ月にして調整する暦だった。しかし，
　それでは同じ月日でも，年によって時期がずれてしまうことになる。そこで昔の人たちは，
　暦によってではなく，山の残雪や草花の咲く時期によって季節を読み取り，農作業を始め
　る目安にしていたのである。

　　　　　　　　　　　　　　　　　　　　（稲垣栄洋『残しておきたいふるさとの野草』地人書館）

　　*江戸時代：日本の時代区分の名称（1603〜1868年）

問1　（　Ａ　）に入るものとして，最も適当なものはどれですか。　19

1．非常識
2．非合理
3．非現実
4．非科学

問2　下線部「昔の人は暦ばかりに頼れなかった」のはなぜですか。　20

1．昔は同じ日付でも，年によって違う時期を指すから
2．昔と今とでは，気候が大きく変化したから
3．昔の人は，自然に興味を持っていたから
4．昔は現在と異なり，太陽暦が使われていたから

XVI　次の文章を読んで後の問いに答えなさい。

　渡り鳥のように長距離を飛ぶには，風の方向は大きな影響を与えます。風に乗る方がずっと楽に飛べますし，季節風のように，ある時期に必ず一定方向に吹く風があり，それが渡りの方向と一致していれば，それに乗っていかない手はありません。実際，多くの渡り鳥はそうしているようです。そして，風向きがちょっと変わった場合などには，そちらに吹き寄せられてしまう鳥もいることから，渡り鳥が風をうまく利用して飛んでいることは確かです。

　しかし，多くの鳥たちは，風の向きを考慮に入れて修正しながら，子午線に対して一定の方向をとるというような航法を身につけています。そのためには，なんらかのコンパスがあるはずです。長年の研究の結果，それは，太陽の偏光面を利用した太陽コンパス，特定の星や星座の位置による星座コンパス，そして地磁気であることがわかってきました。

　多くの鳥たちは，夜空の星座を目印に方角を決めています。アメリカの鳥類学者スティーヴ・エムレンたちは，渡りをする時期の鳥たちに夜空が見えるようにし，その夜空の星座の配置を変える実験をおこなって，鳥たちが本当に星座を目印に方向を見定めていることを示しました。彼らは，ルリノジコという鳥をプラネタリウムの中に入れ，見える星座の位置が変わると，飛ぶ方向も変わることを実証してみせたのです。

　また，多くの鳥たちは，日没直後に渡りの飛行を開始します。そのとき，日没時の太陽の偏光面は，方向を定めるうえでの重要な手がかりになっています。鳥たちはまた，地磁気を感知して，それを目安に使ってもいるようです。このようにいくつかのコンパスを，鳥たちは生まれつき備えており，それらを駆使して方向を見定めながら，遺伝的に決められたスケジュールにのっとって，一定期間飛行を続けると，目的地に着ける，というのが渡りのしくみであると言えるでしょう。

（長谷川眞理子『生き物をめぐる４つの「なぜ」』集英社）

問 1　下線部「それら」の内容として，最も適当なものはどれですか。　　 21

1．風の向きを変える要因
2．方角を知るための手段
3．うまく風を利用する方法
4．風の方角を図れる道具

問 2　この文章で筆者が最も言いたいことはどれですか。　　 22

1．ある実験では，鳥は夜空に見える星座を目印に飛ぶ方向を決めていた。
2．風向きが変わっても鳥が目的地の方向を間違えることはない。
3．鳥が渡りをするときは，季節風に対して同じ方向に飛ぶ傾向が強い。
4．渡り鳥は，空の情報や地磁気を利用して目的地の方向を定めている。

XVII　次の文章を読んで後の問いに答えなさい。

　(1)説教はえてして長びき勝ちとなる。いったいこれはどうしてだろうか。それはまず，説教で語られる話が，何といっても「よい」話には違いないので，話をしている本人が自己陶酔するので長くなるようである。平素の自分の行為の方は棚上げしておいて，「よいこと」を話していると，いかにも自分が素晴らしい人間であるかのような錯覚も起こってくるので，なかなか止められない。

　…（略）…

　説教を効果的にしようと思うなら，短かくすることを工夫しなくてはならない。自分が絶対に言いたいことに焦点を絞る，繰り返し同じことを言わない，と心に決めておく。そうすると，説教をされる側としては，またはじまるぞ，どうせ長くなるのだろう，と思っているときに，パッと終わってしまうのでよい印象を受け，焦点の絞られた話にインパクトを受ける。もっとも，こうなると「説教」というものではなくなっている，と言うべきかも知れない。つまりは，説教は短いほど効果があがるのであってみれば，説教などしない方がいいのではなかろうか。それは無いにこしたことはない。

　にもかかわらず，(2)説教はなくならないし，あちこちでよく聞かされる。その理由は，説教というものが，説教する人の精神衛生上，大いに役立つものであるからであろう。部下からみると，上司は勝手なことをしたり，威張ったりしているように思えるが，上司は上司なりにいろいろと苦労しているものである。このことは親と子，教師と生徒などの間においても言えることである。上司は上司なりに欲求不満がたまってくると，そのはけ口として部下に説教をする，というのが実状ではなかろうか。既に述べたように，言う内容としては，自分ながら感心したくなるようなことを言うわけだし，精神衛生という点から見て，なかなか効果のあがる方法である。

（河合隼雄『こころの処方箋』新潮社）

問1　下線部⑴「説教はえてして長びき勝ちとなる」とありますが，それはなぜですか。

23

1．説教は長いほうが聞き手に伝わるという思い違いをしているから
2．「よい」ことを話しているので，自分の話に酔ってしまうから
3．自分の普段の行為を思い返し，反省の気持ちを持っているから
4．自分の話している内容が素晴らしいという錯覚を起こしているから

問2　筆者は，説教はどのようにしたらよいと考えていますか。

24

1．相手に伝わりやすいように内容を短くまとめる。
2．精神衛生が悪化することがあるので回数を減らす。
3．伝えたいことは何度も繰り返して強調する。
4．自分が感心するような内容を選んで伝える。

問3　下線部⑵「説教はなくならないし，あちこちでよく聞かされる」とありますが，それはなぜですか。

25

1．説教はしないほうが良いということを知らないから
2．説教は相手のためになると信じているから
3．説教は欲求不満のはけ口として行われているから
4．説教は相手からの尊敬を得られると考えているから

第 2 回の問題はこれで終わりです。

解答・解説は p.318 を参照してください。

第**3**回

実戦問題

解答時間 70分

正解と得点分布図確認

QRコードを読み取っ
てオンライン解答用
紙に解答を記入し、正
解と得点分布を確認
してください。

記述問題
説明

　　記述問題は，二つのテーマのうち，<u>どちらか一つ</u>を選んで，記述の解答用紙に書いてください。

　　解答用紙の<u>テーマの番号</u>を○で囲んでください。

　　文章は横書きで書いてください。

　　解答用紙の裏（何も印刷されていない面）には，何も書かないでください。

記述問題

　以下の二つのテーマのうち，どちらか一つを選んで 400〜500字程度で書いてください（句読点を含む）。

1.

　近年，教育の様々な場面で，ICT（情報通信技術）機器を活用するデジタル化が進んでいます。しかし，教育のデジタル化は，良いことばかりではないようです。

　教育の現場におけるデジタル化の良い点と悪い点の両方に触れながら，教育のデジタル化について，あなたの考えを述べなさい。

2.

　若者の自由なファッションがマスメディアで話題になっています。しかし自由なファッションは，良いことばかりではないようです。

　自由なファッションの良い点と悪い点の両方に触れながら，若者の自由なファッションについて，あなたの考えを述べなさい。

読解問題
説明

読解問題は，問題冊子に書かれていることを読んで答えてください。

選択肢１，２，３，４の中から答えを一つだけ選び，読解の解答欄にマークしてください。

I　下線部「時間が加速されている」とはどういうことですか。　　　　　　　1

　現代人はどんどん忙しくなっているが，その結果，早く結論を出したがる傾向を持って
しまった。例えばある事件で容疑者が捕まったとき，その容疑の真偽にかかわらず，早く
犯人だと断定してほしいという気持ちがどうしても生じる。そうすることによって安心し
たいのだ。つまり，一刻も早く結論を得ようとして，簡単に安易な結論に飛びついてしま
うのである。時間が加速されているとはそういうことだ。これは非常にまずいことだ。私
たちは時間をもっと無駄に使うことが必要ではないかと思う。君たち若い世代には，まだ
まだ時間がたくさんあるはずだ。性急すぎる判断で取り返しのつかないことを招く前に，
ちょっと立ち止まって考えてみてほしい。

（池内了「それは本当に『科学』なの？」『考える方法』筑摩書房）

1．時間に余裕がないために，時間を無駄に使うことに罪悪感を抱くこと
2．時間に余裕がないために，若い時に時間について考える機会を持てないこと
3．時間に余裕がないために，安易な結論を受け入れ安心しようとすること
4．時間に余裕がないために，過剰に素早い行動をするように求められること

Ⅱ　次の募集案内の内容と合っているものはどれですか。

留学生と日本人学生との交流イベント参加者募集

　下記の通り，今年度の交流イベントを開催いたします。たくさんの方の参加をお待ちしています。

記

1．日時：4月30日（日）　9時00分～16時00分

　　※雨天の場合，昼食の場所を変更します（スケジュールの進行時間は変わりません）。

2．スケジュール

時間	場所	内容
9:00	留学生支援センター	集合，出席確認
9:30	アジア平和大学体育館前	バス出発
10:00～12:00	日中文化博物館	見学
12:30～13:30	緑の森記念公園	昼食，植物園見学，交流
14:00～15:00	国際協調記念館	施設見学，記念館職員による案内
16:00	アジア平和大学体育館前	解散

3．参加に必要なもの：学生証，昼食代（500円）

　　※移動や施設の見学にかかる費用は，大学が負担します。

4．申し込み方法：4月14日（金）までに，学生支援Webサイトから，メッセージのタイトルを「4月30日交流イベント参加」とし，本文に，1）氏名　2）学部　3）学年　4）学籍番号　5）携帯電話番号を記載して，留学生支援センター宛に送信してください。

5．定員：30名

アジア平和大学留学生支援センター

1．参加者は，体育館前に集合する。

2．参加したい人は，事前に留学生支援センターへ行って申し込む。

3．雨が降った場合，スケジュールを繰り上げて早めに終了する。

4．必要な費用は，昼食代だけである。

III　下線部「戦略的」とはどういうことですか。　　　　　　　　　　　　　3

　日本タンポポは春に咲いて，さっさと種子を飛ばすと，根だけ残して地面から上は自ら枯れてしまう。これは，冬眠の逆で夏に地面の下で眠っているので，「夏眠（かみん）」と呼ばれている。

　夏が近づくと，他の植物が枝葉を伸ばし，生（お）い茂る。そんなところで，小さなタンポポが頑張っても，光は当たらず生きていくことができない。そこで，強い植物との無駄な争いを避けて，地面の下でやり過ごすのである。ライバルが多い夏にナンバー1になることは難しいから，ライバルたちが芽を出す前に，花を咲かせて種を残すという戦略なのである。

　一方，西洋タンポポは日本の四季を知らないから，他の植物が生い茂る夏の間も，葉を広げ花を咲かせようとする。そのため，西洋タンポポは枯れてしまい，生きていくことができないのだ。同じように枯れているように見えても，自ら葉を枯らして眠っている日本タンポポはまったくダメージがない。一年中咲いている西洋タンポポに比べて，春しか咲かない日本タンポポは劣（おと）っているようにも思えるが，じつは戦略的だったのだ。

　　　　　　　　　　　　　　　（稲垣栄洋『スイカのタネはなぜ散らばっているのか』草思社）

1．日本タンポポは他の植物と時期をずらして花を咲かせて種を残すということ

2．日本タンポポは夏でも生き残れるが，あえて春にしか咲かないということ

3．西洋タンポポは他のタンポポに負けないように一年中咲いているということ

4．日本タンポポは暑さに弱いため，夏が来る前に花を咲かせ終わるということ

IV　次の文章の内容と合っているものはどれですか。　　　　　　　　　　4

　お風呂に入りながら歌を歌うと，声が響いて，なんとなく上手になったように感じませんか？その効果を利用して，ハミングしながら自分の声を鍛えてみるのはどうでしょう。
　お風呂場でハミングすると，うまい感じで揺れる音程があることに気がつきます。それが自分にフィットした声のトーンです。頭蓋骨が震えたり，背骨が震えている感触を感じながら，練習を積んでほしいと思います。
　そして，「あ，こういう感じの声が自分にフィットしたトーンなんだな」ということをつかんだうえで，自分なりの得意なトーンで勝負してください。
　声が低いのがいいとか，高いのがいいとか，一概に言うことはできません。その人に合ったトーンであることが一番大事です。
　人を引きつけるんだったら高い声がいいとか，人の気持ちを落ちつかせるんだったら低めの声がいい，ということはあります。
　とはいえ，私は，それぞれが自分の得意な声の高さを見つけて，さらに自分の声を好きになることが非常に大事だと思います。

（齋藤孝『大人のための会話の全技術』KADOKAWA）

１．人は高い声の人に対して不安感を抱く。
２．お風呂場で声が響いて聞こえるのは錯覚である。
３．お風呂場では自分に合った声のトーンを見つけやすい。
４．様々な音程で練習すれば声のトーンが良くなる。

V　次の文章の内容と合っているものはどれですか。　　　　　　5

　二〇世紀の技術を大まかに要約すると，前半部は重厚長大の技術，後半部は軽薄短小の技術というふうに図式化できるだろう。ほぼ一九七〇年までの前半部は，鉄鋼や造船や機械，自動車や大型タンカーや鉄道車両など，産業の基幹部（インフラストラクチャー，ハード部分）を構成する物品の生産が主であったのに対し，七〇年代以降は電子機器やIT機器を始めとする小型のソフト部分に技術開発の主眼が置かれるようになったからだ。むろん，後半部に重厚長大産業が廃れたわけではなく，またその必要性は変わらないから継続しているのは確かである。ただ技術的完成度が高くなったために開発要素は少なくなっていったのだ。その後の電子機器やIT機器などとの組み合わせで新たな発展の芽が生まれてきたといえる。強調したいことは，七〇年代は技術の根幹部が軽薄短小へと大きく転換を開始した時期に当たるということだ。といっても，それ以前の技術革新が基礎にあったのは当然である。

（池内了『ねえ君、不思議だと思いませんか？』而立書房）

1．一九七〇年代以前と以後では，科学技術に完全な断絶がある。
2．一九七〇年代以後は，重厚長大産業の必要性は減退した。
3．一九七〇年代以後に，技術革新の基礎が完成した。
4．一九七〇年代以後に，軽薄短小と重厚長大の技術の結合が見られた。

Ⅵ　イギリスの哲学者，トマス・カーライルの言葉を，筆者はどのような意味だと考えて
　いますか。　　　　　　　　　　　　　　　　　　　　　　　　　　　　　　6

　　イギリスの哲人トマス・カーライルに「経験は最良の教師である。ただし月謝が高い」
という名言がある。これを経験礼賛ととるのは早計である。ただの経験ではない。ただし
書きにある〝月謝が高い〟経験だけがありがたいのだ。苦しい，つらい経験によって人間
は成育し，賢くなるというのである。成功経験など山のようにあっても，新しいことをし，
時とともにのびていくのにはなんの役にも立たないのである。そういうマイナス経験を怖
れ，逃げているというのは自らを弱める。そういうことをわれわれはよく理解していない
ようである。

　　苦痛をともなう経験にはなるべく早いうちにめぐり会った方がよい。人生終局に近くなっ
てからでは悲劇である。昔の人が，〝若いときの苦労は買ってでもせよ〟と言ったのも，有
効なマイナス経験は若いうちにしないといけないことを示している。

　　　　　　　　　　　　　　　　　　　　　　（外山滋比古『人生複線の思想』みすず書房）

1．プラスの経験もマイナスの経験も，同等の価値がある。
2．マイナスの経験こそが，成長するために必要である。
3．何かを経験するためには，高額な費用が必要である。
4．成功した経験は，人生の最良の思い出になる。

VII　次の文章で，筆者が理系的思考を身につけるべきだと考えている一番大きな理由はど
　　　れですか。　　　　　　　　　　　　　　　　　　　　　　　　　　　　　7

　現代に生きる私たちは理系的思考を身につけるべきだと思っています。

　少し大きな話になりますが，日本で起こっている社会問題や環境問題，ひいては世界の
国々での紛争や政治的な問題について，冷静に科学的に議論するという環境がなくなって
しまうのは，とても恐いことではないでしょうか。感情的に高ぶって判断したり実行して
しまうとなると，中世の「魔女狩り」に戻ってしまうような気がします。それでは根本的
な解決にならないことは，歴史が教えてくれているはずです。

　人類の英知が達成してきたのは，思い込みや感情で決めつけずに，科学的に実験，検証
して判断し，その拠りどころとなる知識を常に更新していくということです。その点で科
学は柔軟であると言えます。カール・ポパーが言った「反証可能性」とは，仮説の正しさ
だけを追い求めていくのではなく，反証されて新たな仮説が生まれていくことが科学の生
命であるということなのです。

　　　　　　　　　　　　　　　　　　　　（齋藤孝『文系のための理系読書術』集英社インターナショナル）

１．科学の知識によってしか解決することができない問題があるから
２．理系的思考は文系的思考に比べて中立的だと考えられるから
３．理系的思考によって知識を更新し，新たな可能性を生み出せるから
４．理系的思考によって物事を合理的に実行することができるから

VIII　下線部「その部分」の意味として，最も適当なものはどれですか。　　　8

　たとえば，並木を考えてみて下さい。あなたの家のそばにも並木はありますよね。ケヤ
キやサクラのように，樹木の名ぐらいはあなたにもわかると思います。でも，それ以上の
ことになるとどうでしょう。あなたは毎朝，何本の木に出会いますか？　そのそれぞれの
区別がつきますか？　たとえば並木の一本だけを取り出したとして，それがどこに植えら
れていた木なのかわかるでしょうか。

　おそらくは「いいえ」という答えが返ってくるでしょう。並木全体は認識できても，そ
の一本ずつは区別していないはずです。すべての木は形が違うのに，差違をとらえられて
いない。物体としての分け隔てがないのです。…（略）…

　周囲のものや事象，それぞれに対する差異の発見。それが形状からくるものであれ，性
質からくるものであれ，言葉が誕生したのはまさにその部分からです。一見，言葉はもの
への「対応」にその由来を持っていそうなイメージですが，もっとも根本的なところは認
識上の「違い」であり「差異」であったのです。

（ドリアン助川『プチ革命　言葉の森を育てよう』岩波書店）

1．言葉とものが対応していること
2．ものや事象どうしの違いの認識
3．言葉自身が持っているイメージ
4．物体としての分け隔てがないこと

IX　筆者は，「クレーマー」のどういう点が最も大きな問題だと考えていますか。　9

　　はじめは「購入した商品に欠陥があった」などの理由で，販売先などに苦情を言う人のことをクレーマーと呼びましたが，徐々に変化して，難癖をつけるように苦情や抗議をする人のことを指すようにもなりました。

　　クレーマーはなぜ問題になるのでしょうか。商品をめぐる関係で見れば，一般に，消費者（お客）に対してメーカー（製造元）や販売側（小売店など）の立場は弱いものです。その上商品に問題ありということになれば，両者の立場の強弱ははっきりします。学校でも社会でも，立場の強弱がはっきりしている関係があります。先生と生徒，教授と学生，上司と部下などがそれです。

　　強い立場にある者が，もっともらしい正論をふりかざして立場の弱い者に厳しいことを言うとき，弱い立場にある者は「おかしいな」と思っても，立場上反論できず，「そうですね」と受容せざるを得ない場合が多いのです。そして強者は，受容されたことで「やはり自分が正当だった」と勘違いしてしまうのです。

　　いわゆる「クレーマー」は，この立場の強さを利用して難癖をつけているともいえます。

（川井龍介『伝えるための教科書』岩波書店）

1．相手の反論を聞き入れない点
2．商品の問題をよく確認していない点
3．販売先などに商品に対する苦情を言う点
4．立場の差を利用して理不尽な抗議をする点

X　下線部「科学技術の（システム化の末の）『自己目的化』」の例として最も適当なもの
　　はどれですか。
　　　　　　　　　　　　　　　　　　　　　　　　　　　　　　　　　　10

　　もともと，命の危険や不便を解消するため，科学技術は発達してきました。しかし，現
代社会はどこかで，あまりにも「過剰」になっている気がします。
　　私は，科学技術の（システム化の末の）「自己目的化」がその原因であるような気がします。
本来はエレベーターがあってほしい場所に，エレベーターを設置するはずです。しかし，エ
レベーター関連の会社は，収益が上がらないと会社が大きくならない。すると，どうする
か。ある意味で「不必要な場所」にも，そういった技術を使って設置するように働きかけ
ることになる。…(略)…
　　こうやって，どんどんテクノロジーがあふれ，過剰になってゆく。科学技術の世界は常
に，自分たちが回っていくためには，さらに別の商品をつくり，売りつづけないといけな
い。それがさらなる過剰を生んでいる。

　　　　　　　　　　　　　　　　　　　　　　（竹内薫『科学予測は8割はずれる』東京書籍）

1．テレビのリモコンに誰も使わないような機能をつける。
2．雪道でもすべらないように雪道専用のタイヤを作る。
3．渋滞を解消するために道路の車線数を増やす。
4．会社の仕事内容を宣伝するためにホームページを作る。

このページには問題はありません。
次のページに進んでください。

XI　次の文章を読んで後の問いに答えなさい。

　節分には豆まきをして鬼を追い払います。節分にまく豆は大豆を炒ったものです。

　昔は「あぜ豆」といって田んぼのまわりの畦に大豆を植えて育てました。

　大豆の根を見てみると，根に丸いつぶつぶがついています。このつぶの中には，空気中の窒素を取り込んで，栄養分を作り出す根粒菌というバクテリアが共生しています。そのため大豆は，肥料分の少ない場所でも育つことができるのです。

　日本の主食である米は炭水化物を含み，栄養バランスに優れた食品です。一方，大豆は「畑の肉」といわれるほど，たんぱく質や脂質を豊富に含んでいます。そのため，お米と大豆を組み合わせると三大栄養素である炭水化物とたんぱく質と脂質がバランスよくそろいます。

　さらに，米はアミノ酸のリジンが足りませんが，そのリジンを豊富に含んでいるのが大豆です。一方，大豆にはアミノ酸のメチオニンが少ないのですが，米にはメチオニンが豊富に含まれています。

　そのため，日本人は昔から，米と大豆を組み合わせて食生活を組み立ててきました。ごはんにみそ汁というのは代表的な米と大豆の組み合わせです。さらに，ごはんに納豆，お餅にきなこ，せんべいにしょう油，日本酒に冷や奴，そして稲荷寿司など，私たちが昔から親しんできたこれらの料理は，みんなお米と大豆の組み合わせです。

　まさに米と大豆は日本の食を支える名コンビだったのです。

（稲垣栄洋『田んぼの生きもの誌』創森社）

問1　筆者は，大豆が肥料分の少ない場所でも育つことができるのはどうしてだと述べていますか。　　　　　　　　　　　　　　　　　　　　　　　11

1．根に，栄養分を作るバクテリアが共生しているから
2．光合成によって，必要な栄養を作り出せるから
3．土の中の，バクテリアの死骸を栄養にしているから
4．空気中の窒素を葉から取り入れて，栄養分にしているから

問2　「大豆」について筆者の意見に最も近いものはどれですか。　　　　12

1．今後も日本の食生活を守るために田んぼの周辺で大豆を作るべきだ。
2．土に栄養の少ない厳しい環境下でも育つ大豆は非常時に日本食を支える。
3．大豆を使用した三大栄養素が揃う食事でなければ日本食とは言えない。
4．大豆と米は一緒に食べられてきたが，実は栄養を補い合える組み合わせだった。

XII　次の文章を読んで後の問いに答えなさい。

　　最近，若い世代の人たちのことを言い現わす表現として，「ミレニアル世代」という言葉を聞くようになった。1980年頃から1990年代半ばのあいだに生まれた世代を指すようだ。彼らが生まれ育った時代は，情報通信技術の発展に伴う各家庭へのコンピューターやインターネット環境の普及によって，多様な人々が自由にコミュニケーションを取り合うようになった時代である。

　　もちろん，同じ時代に生まれた人々の中にも個性がある。だから，ミレニアル世代の若者はこういう人たちだ，と乱暴にひとくくりにして語ってしまうのは，彼らに対して失礼かもしれない。とはいえ，最先端の情報通信技術を駆使する世代には，やはり，<u>彼ら特有の強み</u>があると思う。例えば，自分たちと異なる人種や集団に対して寛容だという点である。日本は海に囲まれていることもあって，外国の人々との交流が限られている時代が長かった。外部との交流が少ないと，どうしても同じような価値観の人同士で付き合うことになる。自国の慣習や文化を大切にするのはよいのだが，その副作用として，「日本の常識は，世界ではまったくの非常識である」といった状況も生まれた。ところが，今ではスマートフォンを利用して，ソーシャルメディアで世界中の人々と会話したり，議論したりすることが簡単にできる。その影響は，非常に大きいと思う。これからの日本の教室では，さまざまなアイデンティティを持つ子どもたちが，それぞれの個性を尊重して学びあうようになるのかもしれない。

問1　筆者は,「ミレニアル世代」についてどのように言っていますか。　[13]

1.　様々な人々と交流をしながら育った世代である。

2.　最先端の情報通信技術に支配された世代である。

3.　個性を重視されて育ち,集団意識が低い世代である。

4.　同じ価値観同士で交流ができる世代である。

問2　下線部「彼ら特有の強み」の説明として適当なものはどれですか。　[14]

1.　自分と似た価値観の人を見つけ出せること

2.　日本の慣習や文化を大切にできること

3.　多様な人々の個性を尊重できること

4.　恥ずかしがらずに議論ができること

XIII　次の文章を読んで後の問いに答えなさい。

　自分なりのアイデアや発想は，何も急いで一気にまとめる必要はありません。第二の人生の道のりは長いのです。ワインの熟成をじっくり待つように，自分の考えを寝かせておくことによって，だんだん純度が高まってきます。

　…（略）…

「心がけ」とは，随所で心をかけることです。気になっていたことを，折にふれて思い出し，頭のなかで反芻もして，思考を深めていく。ときに，友に会って互いの考えを語り合うのがよい。

　たとえ自分の考えであっても，いつも心をかけているものと，その場だけの思いつきとでは，思考の純度が違うのは言うまでもありません。

　思考を寝かせた結果，どうしてもうまくまとまらなければ，捨ててしまえばいいだけの話です。ワインの熟成とは違い，思考の仕込みは時期も場所も問いません。

　…（略）…

　思考が生まれるのに時と場所は選びません。思いがけず偶然に出てくる思考がことによい。

　考える対象によっては，一日，二日でカタがつかないものもあります。寝かせる必要があります。その期間が，数週間，数カ月，さらには何年にもなるケースもあるかもしれません。

　半分忘れかけていたようなことでも，自分にとって本当におもしろいことなら，決して忘れっぱなしにはなりません。価値あるものなら，たいていある時期によみがえってくるものです。しかも，たんに記憶が戻るのではなく，深化した思考として姿を現すのです。

（外山滋比古『50代から始める知的生活術』大和書房）

問1　下線部「考えを寝かせておく」の意味として最も適当なものはどれですか。　15

1．その場で思いついた発想を大切にする。
2．時間をかけて考えをまとめる。
3．身体を横たえながら考える。
4．複数の人と話し合って答えを出す。

問2　文章の内容と合っているものはどれですか。　16

1．自分の考えよりも他人の考えの方が，より深めることができる。
2．思考をする場所を決めておいたほうが，より良い発想がうまれる。
3．一度思考を始めたら，結果が出るまで考え続けなければならない。
4．自分にとって価値があることは，時間が経っても考えることができる。

XIV　次の文章を読んで後の問いに答えなさい。

　レンゲの花は，花びらのように見える一つ一つが花である。レンゲは小さな花が集まって一つの大きな花を形作っている。この小さな花の一つをよく見ると，花びらが上下にわかれた形をしている。この下側の花びらを指でそっと押すと，まるでびっくり箱でも開けたかのように，花びらのなかに隠れていた雄しべと雌しべが飛びだしてくる。

　レンゲの花にやってきたハチが下の花びらに足をかけると，花びらが押し下げられて，蜜のありかへの入り口が開かれるしくみになっているのである。そして同時に，花びらの中から雄しべと雌しべがあらわれてハチの体に花粉をつけるのだ。

　花びらを押し下げることのできる力と，このしくみを理解する知恵を持った虫でなければ蜜にありつくことはできない。こうして，花粉を運んでくれるハチ以外の虫に蜜をとられないように，レンゲは蜜の入り口にふたをしているのである。

　さらに，複雑なレンゲの蜜の入手法を覚えたハチは，レンゲの蜜を独占したくなる。だから，ハチはレンゲの花ばかりをまわって蜜を集めるのだ。レンゲにとって，じつに都合がいい。ハチが，レンゲの花だけをまわって蜜を集めてくれれば，それだけ効率よく受粉ができるからである。

　こうしてレンゲは，ほかの生き物たちと（　Ａ　）関係を築きながら暮らしている。

（稲垣栄洋『残しておきたいふるさとの野草』地人書館）

問1　（　Ａ　）に入るものとして，最も適当なものはどれですか。　　　17

1．独占
2．共生
3．発達
4．分割

問2　ハチがレンゲの蜜を独占できるのはなぜですか。　　　18

1．レンゲの咲く一帯をハチは集団でテリトリーにするから
2．レンゲの雄しべや雌しべの奥に蜜がかくされているから
3．レンゲは小さな花が集まって一つの花を作っているから
4．レンゲの蜜を吸うにはある程度の能力が必要だから

XV　次の文章を読んで後の問いに答えなさい。

　鳥たちは，渡りの前にはたくさんのエネルギーを，脂肪の形でからだに蓄えます。飛行中にすべての食料を調達しなくても大丈夫なように，いわば，お弁当を持っていくのですね。脂肪は，重さの割により多くのエネルギーを抽出することのできる，非常に効率のよいエネルギー源です。からだにつけた脂肪というお弁当をたくさん持っていればいるほど，長い距離を飛ぶことができますし，悪天候や食料不足が続いても生き残ることができます。

　渡りの前になると，鳥たちはひたすらたべて脂肪を蓄えます。普段とは比べ物にならないペースでひたすら食べまくり，過食をします。ヨーロッパからアフリカへ旅立つニワムシクイは，体重が普段はたった一六グラムしかないのに，渡りの直前になるとどんどん食べて三〇グラムにまでなります。実験室で，餌が無制限に手に入る状態にして飼っておくと，これよりもっと太るということです。

　身につけた脂肪でどのくらいの距離を飛んでいくことができるかは，鳥のからだの大きさによります。ムシクイのような小さな鳥の場合，一グラムの脂肪でおよそ二〇〇キロメートルの飛行ができます。しかし，からだの大きな鳥になるほど，グラム当たりの飛行距離は短くなり，より多くの脂肪を蓄える必要があります。

（長谷川眞理子『生き物をめぐる４つの「なぜ」』集英社）

問1　下線部「お弁当」が意味している内容として，正しいものはどれですか。　19

1．飛行中の食料調達
2．緊急時の食料
3．鳥の体内の脂肪
4．渡りの後の過食

問2　この文章で，筆者が最も言いたい内容として正しいものはどれですか。　20

1．大抵，脂肪によって渡り前の鳥の体重は2倍以上になる。
2．小さい鳥のほうが，脂肪を効率的に飛行距離に変えられる。
3．渡り前の鳥には，無制限に餌を食べられる環境が適している。
4．渡りをする鳥にとって，脂肪は効率的なエネルギー源である。

XVI　次の文章を読んで後の問いに答えなさい。

　CDやビデオでは分かりにくいけれども，実際に音楽や舞踊や演劇の公演に行ったことのある者なら誰でも知っている現象がある。それは終演の瞬間を観客は確実に知覚するということである。たとえばピアノ・リサイタルで演奏家が最後の一音を叩く。彼の腕が停止する。だがその音が響いている間はまだ終りではない。やがて音は小さくなり，ついに聞こえなくなる。だがまだ終りではない。沈黙のなかを，観客はじっと息をつめて待っている。ふと演奏家の身体から力が抜けたように見える。息を吐いたのかもしれない。その瞬間，会場の全体から，一斉に拍手がわき起こる。観客は，演奏家の身体の変質を見て取り，その瞬間，演奏の終わったことを知るのである。

　同じことが舞踊の場合にはもっとはっきりと現れる。演出上ないし舞台機構上の理由から終演時に幕が下りない作品は珍しくない。だがダンサーが最後のポーズをとり，そして僅かにそのポーズを崩した瞬間，観客はそれが次の動きであるとは考えず，的確に舞踊が終わったことを知る。身体の質が変わるからである。この変質を適切に言葉にするのは難しい。しいて言えば，「気が抜ける」とか「緊張感の喪失」とでもいうことになろうか。だがこれは誰もが知っている現象であり，日本語ではふつうこれを「素」に帰ると言っている。

（尼ヶ崎彬『ダンス・クリティーク』勁草書房）

問1　下線部「誰でも知っている現象」とはどういうことですか。　21

1．CDやビデオでは終演の瞬間を認識できないということ
2．終演の瞬間まで，演者は一切の妥協をしないということ
3．観客は，終演の瞬間をはっきりと認識できるということ
4．演者は観客の拍手によって，緊張感を解くということ

問2　筆者の考えとして正しいものはどれですか。　22

1．演者は終演を分かりやすく観客に知らせる必要がある。
2．あらかじめ内容を学んでから公演に行くべきである。
3．公演の終わりを知らせるのは演者の身体の変質である。
4．演出や舞台機構の工夫が観客に終演を知らせる。

XVII　次の文章を読んで後の問いに答えなさい。

　森は自然的存在であるとともに，(1)社会的な存在なのだと思う。なぜなら人間の森への
かかわり方によって，森は変貌をとげていくからである。林業や治山技術の変化も，社会
構造の変化も森を変える。そしてひとつの時代を引っ張っていく，その時代の人間の精神
もまた森に大きな影響を与える。

　戦後の社会が経済力を高めてきた頃から，日本の政策のひとつに，次のような考え方が
定着していった。それは何か問題がおきたときには，より多くのものを建設することによっ
て問題を解決するという思想である。

　たとえば一九六〇年代以降，都市の道路渋滞が問題になったけれど，それへの対応策は
自動車の通行量を減らすことではなく，より多くの道路を作ることであった。… （略） …

　もしかすると最近まで，日本の森林政策も，この考え方のなかにまき込まれていたので
はないかと思うことがある。天然林を伐採し人工林をつくる拡大造林が，一時期あれほど
善だとされたのは，人工林のほうが用材の生産性が高く，スギやヒノキなどの有用材が多
量に得られるからであった。ここでは工場と同じように森をつくり変えることによって，用
材の生産性の高い森を開発していこうという(2)建設の思想があった。

　ところが最近になってようやく私たちは，森林にこのような考え方を適用した(3)愚かさ
に気づきはじめた。なぜなら用材の生産性を高めようとして人工林をつくりすぎることは，
他の動植物にとって好ましくないばかりでなく，手入れに手間のかかる，災害に弱い森を
つくってしまうことになる。さらに針葉樹の人工林は木材の生産以外には利用価値のない
森になってしまうために，市場経済のうえでは価値は高くても，山菜や茸を採ったり，森
の季節の移ろいを楽しむ暮らしのなかの価値は，逆に低下してしまう。

（内山節『森にかよう道』新潮社）

問 1　森を，下線部(1)「社会的な存在」だと言えるのはなぜですか。　　　　23

1．森は人間の意図とは関係なく成長しているから
2．森が人間に与える影響は大きなものだから
3．森は人間の考え方によって形が変えられるから
4．森は人間だけではなく動物の生息地だから

問 2　下線部(2)「建設の思想」とはどのようなものですか。　　　　24

1．全てにおいて経済の発展を優先しようという思想
2．天然のものよりも人工のものの方が良いという思想
3．自然豊かな森林を整えていこうという思想
4．ものをつくることによって問題を解決しようという思想

問 3　下線部(3)「愚かさ」と筆者が表現する理由として最も適当なものはどれですか。

25

1．手入れは楽だが景観の悪い森林を作ることになるから
2．市場経済以外での価値が低い森林を作ることになるから
3．災害には強いが経済的には価値の低い森林を作ることになるから
4．人間以外の動物にとっては暮らしにくい森林を作ることになるから

第 3 回の問題はこれで終わりです。

解答・解説は p.322 を参照してください。

第**4**回

実戦問題

解答時間 **70** 分

正解と得点分布図確認

QRコードを読み取っ
てオンライン解答用
紙に解答を記入し、正
解と得点分布を確認
してください。

記述問題
説明

記述問題は，二つのテーマのうち，どちらか一つを選んで，記述の解答用紙に書いてください。

解答用紙のテーマの番号を○で囲んでください。

文章は横書きで書いてください。

解答用紙の裏（何も印刷されていない面）には，何も書かないでください。

記述問題

　以下の二つのテーマのうち，どちらか一つを選んで 400〜500字程度で書いてください（句読点を含む）。

1.
　過去の記憶を振り返って，「昔は良かった」と懐かしむ人は多いです。しかし実際には，世の中は少しずつ発展し，今の社会はとても暮らしやすくなっているとも言われます。
　昔と比べて良くなったことには，どのようなことがあるでしょうか。逆に，昔の方がよかったと言えることもあるでしょうか。具体的な例を挙げて，あなたの考えを述べなさい。

2.
　大学で学ぶ知識には，すぐに社会で役立つ分野もあります。しかし一方で，人生や社会の出来事について，時間をかけて考えを深める分野もあります。
　社会で役立つ分野と，時間をかけて考えを深める分野には，どのようなものがあるでしょうか。具体的な例を挙げて，どちらを積極的に学びたいか，あなたの考えを述べなさい。

読解問題
説明

　　読解問題は，問題冊子に書かれていることを読んで答えてください。

　　選択肢 1，2，3，4 の中から答えを一つだけ選び，読解の解答欄に
マークしてください。

I 下線部「耳が泣いている」の理由として当なものはどれですか。 1

 生まれてくる子は，まず，耳でことばを覚える。…（略）…人間の感覚，能力で，聴覚がもっとも早く発達していて，生まれる何ヵ月も前から母親の胎内で耳だけははたらいていて，母親の見ているテレビの音にも反応するらしい。

 …（略）…

 体の糧は口からであるが，心の糧は耳からである。

 人知がおくれているのだろうか。体の糧は与えても，心の糧を与えるのに，それほど熱心でない。それどころか，こどもに耳からのことばを教えるのは，こどもの一生を左右する大事であることさえ知らない。

 生まれてくる子こそ，いい迷惑である。せっかく耳をはたらかせられるようにしているのに，しっかりした，はっきりしたことばを聴かせてもらえない。

 耳が泣いているに違いないが，耳は口とちがって声をあげることができない。ボンヤリした大人は，声なき声を聴く力をそなえていないことがほとんどである。

　　　　　　　　　　　　　　（外山滋比古『思考力の方法 ── 「聴く力」篇』さくら舎）

1．ずっと耳を働かせ続けるのは負担が重いから
2．しっかりしたことばを親から聴かせてもらえないから
3．耳がいくら声をあげても，真剣に受け止めてもらえないから
4．人間の感覚，能力でもっとも早く発達するのは聴覚だから

II　次の文章は，定期試験について書かれたものです。この文章の内容として，誤っているものはどれですか。　　　　　　　　　　　　　　　　　　　　　　　　　　　2

定期試験に関する規則

　本学商学部では，各教科の試験について共通の規則を設けています。この規則の内容を理解し，定期テストを受験してください。

▌試験の種類

①教場試験

　科目の担当教員によって行われる定期試験です。通常の授業の曜日・時限に行われます。ただし，カンニング防止などの為に，教室が変更になる場合があります。

②追試験

　定期試験を受験できなかった者は，必要な書類を学部事務所に提出することで追試験に申し込むことができます。下記の 1.～ 4.の理由に該当する場合は，追試験が必ず実施されます。下記の 5.～ 6.の場合は原則として追試験の実施は担当教員の判断になります。

　1．忌引き（2親等以内）

　2．学校で指定されている感染症に罹患した場合

　3．学校指定の交通機関で40分以上の遅延が発生している場合

　4．災害等により通学が著しく困難な場合

　5．学校指定以外の怪我や病気の場合

　6．それ以外の場合

▌不正行為

　試験における不正行為者に対しては，学部事務所で審議の上，退学または無期停学に付されます。

▌実施期間

　1 /22（水）～ 1 /31（金）

　※語学の授業（英語／中国語など）は実施期間以降に行われる可能性があります。

1．追試験を受けるためには，教員に書類を提出する必要がある。

2．学生が怪我を負った場合，追試験の実施は教員に任される。

3．不正行為を行った学生は，学部事務所の判断で処分が決まる。

4．曜日と時限に変更はないが，教室は変更の可能性がある。

III　次の文章で筆者が最も言いたいことはどれですか。　　　　　　　　3

　　人間が変化する場に立ち合い続けていて，まず思うことは，「一番生じやすいのは，一八〇度の変化である」ということである。その好い例は，アルコール依存症の場合だろう。大酒飲みの人が，ある日から，酒をピッタリとやめる。皆が感心していると，ある時にまた逆転してしまう。…（略）…

　　このようなことがよくわかってくると，一八〇度の変化が生じても，やたらに喜ぶことなく，じっくりと構えていられるようになる。ここで，「じっくり構える」ことが大切で，生半可にこのようなことを知った人は，一八〇度の変化など，「どうせ信用できない」と冷たい態度に出て，せっかくの変化をすぐぶち壊してしまうのである。ともかく，一番生じやすいことにしろ，一八〇度変化したことは喜ぶべきであって，何も冷たくすることはない。実はこのときに生じた変化によって経験したことは，その人が次に自分の在り方と照合しつつ，あらたな方向性を見出してゆくための参考になることが多いので，それはそれとして大切にすべきことなのである。ただ，その時の喜び方が手離しになってしまわないところが一味違うのである。

（河合隼雄『こころの処方箋』新潮社）

1．一八〇度変化をした人のことは，信用しないほうがよい。
2．人が変化したという事実を，しっかりと受けとめ見守ることが重要である。
3．人間は，一八〇度の変化をくり返すことによって，成長を遂げる。
4．人の変化は，周囲の人の態度による影響を受けない。

IV　下線部「こういう状況」とはどのような状況ですか。　　　　　4

　*明治百年の日本の歴史は，一口にいって，西洋文明の輸入の歴史であったろう。**幕末の日本は一つの大きな試練に臨んだ。日本が***有史以来とり入れてきた東洋文化とまったくちがった西洋文化という異質の文化に日本は直面した。しかも，その文化は，力において圧倒的優勢であり，もしも日本がその文化をとり入れることを拒否したならば，その文化をになう強国たちは，力ずくで，日本を占領し，異質の文化の強制的な採用を命ずるかのようであった。こういう状況において，日本の指導者がとった道は，西洋文化を，とくにこの西洋文化の力の基礎となった近代科学技術文明をとり入れることにより，日本を西洋なみの強国にし，それによって，西洋の強国の圧迫からのがれようとする道であった。明治百年の日本の文化，思想，政治，経済すべてのものは西洋文化の移入という一点に向けられていたように思う。

（梅原猛『哲学する心』講談社）

　*明治百年：明治時代（1868年～1912年）に近代化して以降の約百年を指す
　**幕末：江戸時代（1603年～1868年）の末期を指す
　***有史以来：人間が文明をもって以来

1．日本人が西洋の文化に強い憧れを抱いている状況
2．西洋文化をとり入れる以外に，国を守れない状況
3．東洋文化への嫌悪感や反発が高まっている状況
4．西洋の国が，日本を完全に支配している状況

Ⅴ　下線部「小説家の敵」と筆者が言われているのはなぜですか。　　　5

　　小説や随筆の執筆依頼を引受けた時，私はこれまで締切り日を守らなかったことは一度もない。と言うよりは，締切り日前に必ず書き上げ，編集者に渡すのを常としている。

　　編集者は，小説家の多くが締切り日が来ても書けず，そのことに苦労しているので，

「まことにありがたい。まさに神様，仏様です」

　と，私に言う。

　　奇癖とも言うべきこの私の習慣は，小説家の間にも知られていて，私のことを小説家の敵だ，などと冗談半分に言う人もいるらしい。

　　しかし，編集者は，ありがたいと言っているものの，内心ではそうでもないことを私は知っている。

　　酒が入ると，編集者は，

「締切り過ぎてやっと小説をとった時の醍醐味は，なににも換えられないな」

　と，私が傍らにいるのも忘れて感きわまったように言う。

　　　　　　　　　　　　　　　　（吉村昭「早くてすみませんが……」『〆切本』左右社）

1．筆者が締切りを守らず，迷惑をかけているから
2．筆者が，締切りより前に小説の原稿を出すから
3．筆者が，自分のことを神様と呼ばせているから
4．筆者の小説には，醍醐味が感じられないから

VI　次の文章の内容と合っているものはどれですか。　　　　　**6**

　　住まいの大敵シロアリは，やわらかい木材が好きです。一般に，広葉樹より針葉樹，心材より辺材，秋材より春材がおかされやすく，くさりかけた木材は，もっと強くシロアリをひきつけます。ですから，乾燥した状態を保つことは，シロアリを防ぐことにもなるわけです。

　　国産のヒノキやヒバにふくまれている精油（においの成分）は，シロアリを殺す力をもっています。ですから，ヒノキやヒバは，においが残っている間は，シロアリを寄せつけません。しかし，精油成分の少ない外材には，防腐材と防蟻剤（白蟻を防ぐ薬剤）の両方の処理が必要です。

　　　　　　　　　　　　　　（河津千代『知っていますか　日本の自然と木の文化』リブリオ出版）

１．家は国産のヒノキやヒバで建てなければいけない。

２．少量の精油しかない木材はシロアリの被害に遭いやすい。

３．シロアリをひきつけて精油で殺すことが必要である。

４．薬を使って木材を乾燥させ，シロアリを防ぐ必要がある。

Ⅶ　下線部「鳥たちは，耕運機の音に集まってくる」のはどうしてですか。　　7

　昔は狩猟のために，鳥の鳴き声に似せた笛を使って，鳥を集めました。「鳥寄せ」です。
　ところが不思議なことに，笛など使わなくても，＊耕運機のエンジンをかけるだけで，ム
クドリやサギ，カラスなどたくさんの鳥たちが群がってきます。まさに鳥寄せの術さなが
らです。
　どうして鳥たちは，耕運機の音に集まってくるのでしょうか。
　じつは，耕運機で土を起こすと，土の中に潜んでいたミミズやカエル，ザリガニなどが
掘り起こされます。鳥たちは，それを餌にするために，集まってくるのです。
　公園のコイが手をたたくと集まってくるのと同じように，鳥たちは，耕運機のエンジン
音が，餌にありつくための合図であることを学習しているのです。
　耕運機の後をついて鳥たちが舞う風景は，豊かな農村の自然の象徴です。また，田んぼ
にやってくる鳥たちには害虫や雑草の種子を食べてくれる役割もあります。しかし一方で
鳥は，人間がせっかくまいた種子を食べてしまったり，稲穂や野菜をつついてしまう悪さ
もします。
　そのため昔は，田畑を鳥から守り，豊作を祈るために，＊＊小正月に鳥追いの行事を行い
ました。そして，鳥追いの歌を歌ったり，太鼓や拍子木を打ち鳴らしながら家々を回った
りしたのです。

（稲垣栄洋『田んぼの生きもの誌』創森社）

　＊耕運機：田んぼや畑などを耕すために用いられる農業用の機械
　＊＊小正月：1月15日を中心とする一連の正月行事

1．耕運機の音が鳥にとって心地よい音であるため
2．耕運機の音で集まってきた土の中の虫を餌にするため
3．耕運機の音を「鳥寄せ」の笛の音と勘違いするため
4．耕運機の音が餌を手に入れる合図だと分かっているため

VIII　次の文章で筆者が最も言いたいことはどれですか。　　　　　　　　8

　　大学へ入ったばかりの学生が，講義の受け方がわからない。ノートをとるのだが，うま
くノートがとれない。すこし悩んで，遠縁の大学教授に教えてもらいに行った。
「本当はノートをとらないで，じっと聴いていた方がいいんですがね……」
　　先生がそんなことを言うから新米大学生は面くらう。
「みんなせっせとノートをとっています」
「ノートをとっていると，講義の方が上の空になりがち，ノートは出来たが，頭の中には
残っているものが少ない。書くことに気をとられるからですね……」
　　そんな話をきき，納得しかねて帰ったが，それまでのように必死になってノートをとる
ことをやめて，よく話を聴くことにつとめるようにした。その学生はよい成績をおさめた。
筆記に夢中になっているほかの学生より成績がよくなって，老先生の教訓を感謝した，と
いうのである。

（外山滋比古『聴覚思考』中央公論新社）

1．ノートをきれいにとることで，授業の内容が頭に入ってくる。
2．大学に入学したばかりの学生は，悩みを抱えているものである。
3．書くことに集中するよりもしっかり聴くことのほうが重要である。
4．大学では，書くことと聞くことを同時に行う能力を養う必要がある。

Ⅸ　筆者の意見として正しいものはどれですか。　　　　　　　　　9

　その人の人生が思い通りに展開していないのは，本人の努力や実力が足りないわけでも
心がけが悪いからでもなく，突然，病気になったり勤めていた会社が倒産したり，という
不可抗力やアクシデントのせいだ。また，「がんばっている就職活動をしているのに雇って
くれる会社がない」など，社会状況のせいという場合も少なくない。
　世の中，仕事や婚活などがたまたまうまく進んで成功した場合でも，人は「これは私の
実力のたまもの」と言おうとする。誰も「この成功はひとえに幸運や偶然の結果です」と
は言わない。しかし，その人たちだって一歩間違えば，病気や事故，災害に巻き込まれて
絶望的な状況になっていた可能性はあったわけだし，もちろんこれからだってあるのだ。

（香山リカ『振り回されない生き方』KADOKAWA）

1．人生は，本人の素質より運や偶然に左右されるものだ。
2．うまくいかないことを社会状況のせいにしてはいけない。
3．勝者になったときは，不運な人を思いやり，助けるべきだ。
4．自分の力不足を直視し，努力することで運が開けてくる。

Ⅹ　次の文章で筆者は，明治以後の作品に古典が生まれにくい理由として，何が不足していたと考えていますか。　　　　　　　　　　　　　　　　　　　　10

　＊明治以後の文学作品で古典となったものはきわめてすくない。文学に限らず，一般の著作でも古典となっているのはきわめてすくない。近代日本の最高の英知をもった人たちは，法学を修めたが，法曹人の書いたもので古典となっているものがきわめて少ない。思想家にしても古典になった思想を創った人はほとんどない。文学作品も同じで，ひとときは流行しても，二十年すれば消えるのである。するとまた新しい作品があらわれる。

　手本が外国にあるのが，古典の生まれにくい理由であるかもしれない。さらに言えば国語を本当に大事にする心が欠けている人間では，時代を越える生命をもつ，文章，思想，知性を生み出すことはできないのではあるまいか。さらに，国語を愛する人たちがしっかりしていなければ，作品を古典に昇化させられないのではないかという反省を誘うのである。

（外山滋比古『国語は好きですか』大修館書店）

　＊明治：明治時代（1868～1912年）

1．近代日本の最高の英知
2．法律に関する知識
3．新しい思想の創造
4．国語を大事にする心

このページには問題はありません。
次のページに進んでください。

XI　次の文章を読んで後の問いに答えなさい。

　チョウチョウがかわいらしいイメージなのに対して，夜に活動するガは気味が悪いといわれます。

　りん粉をばらまくので嫌われますが，ドクガ以外のガのりん粉は無毒です。ガは夜行性なので体温を保つために多くのりん粉を身にまとっています。また，ほっそりとしたチョウに比べると胴体がずんぐりしているのも，気温の下がる夜に体温を保つための工夫です。

　チョウの羽は美しいのに，ガは地味できたない色をしているのにも理由があります。昼間活動するチョウは，カラフルな色で天敵の鳥を驚かせて身を守ります。一方のガは，日中は地味な保護色で木の幹などにじっと隠れて鳥の目を逃れるのです。

　もっとも，チョウとガとは同じ*鱗翅目という仲間に分類されていて，明確には区別できないようです。これまで紹介したチョウとガの違いも，典型的なタイプに限った話です。実際には鮮やかな色をしたガもいれば，地味な色をしたチョウもいます。また，昼間活動するガもいれば，暗くなってから飛ぶチョウもいるのです。

　現に，ヨーロッパではチョウとガとを区別していないようです。フランスではチョウもガもパピヨンと呼びますし，ドイツではガのことを「夜の蝶」と呼んでいます。

　日本には鱗翅目の昆虫は約五〇〇〇種が知られていますが，そのうち，いわゆるチョウと呼ばれるのは，わずか二五〇種あまりにすぎません。ガのほうがずっと多数派なのです。

（稲垣栄洋『働きアリの2割はサボっている』家の光協会）

　＊鱗翅目：昆虫類の分類群の一つ

問1　ガのりん粉について，本文の内容と合うものはどれですか。　　11

1．体についているりん粉は体温調節に役立っている。
2．どのガのりん粉にも毒があり，天敵を寄せ付けない。
3．りん粉は，夜行性のガにだけ存在する。
4．ガは，りん粉を体につけていることでずんぐりして見える。

問2　文章の内容と合っているものはどれですか。　　12

1．ガが嫌われる一番の理由は，夜行性だからである。
2．ヨーロッパでは，チョウとガを明確に区別している。
3．チョウとガは，生物学的には同じ分類に属している。
4．チョウの翅の色は，夜に敵を驚かせるために役立つ。

XII　次の文章を読んで後の問いに答えなさい。

　インターネット上のコミュニケーションが盛んになるにつれて，新たに生まれた文化が
あります。その一つが，〝自撮り〟写真を撮ることです。〝自撮り〟とは，風景や食べ物で
はなく，自分自身の顔，あるいは服装や髪形を写真に撮る行為のことです。現代の若者た
ちは，積極的に〝自撮り〟をして，それをインターネット上で共有したり，公開したりし
ています。

　このような習慣は，2000年代のブログ上でも見られました。しかし，本格的に流行した
のは，2010年代にSNSが普及してからでしょう。この〝自撮り〟をめぐっては，古い世代
の識者からは，自己顕示欲や＊ナルシシズムの表れだとして批判する声もあるようです。し
かし実際は，自己顕示欲のために〝自撮り〟写真をSNSにあげている人は少数派なのだそ
うです。

　では，どのような目的なのでしょうか。まずひとつは，自らの記録のために〝自撮り〟写
真をSNSにあげるというものです。これは，SNSに限らず写真の一般的な使用法だと思い
ます。そしてもうひとつ，〝自撮り〟写真をSNSにあげる目的として一番多いのは，コミュ
ニケーションのためなのだそうです。その写真を見た人と対話を始める方法として，自ら
の写真をあげるのです。

　こういったことを考えると，自分の写真というものへの認識が以前と変化していること
を感じます。単に自分や身近な人の記録であった写真が，SNSという場の出現により多く
の人に「見せる」ものに変化し，更に「見せる」ことによって次の行動や目的につなげる
ためのものになっていることが分かります。

　＊ナルシシズム：自己陶酔，うぬぼれ

問1　筆者は，〝自撮り〟をどのように説明していますか。 13

1．風景や食べ物を日記のように記録していく方法である。

2．2000年代に流行した古い世代のインターネット文化である。

3．個人情報が流出してしまう，良くない文化である。

4．SNSの普及に伴い若者を中心に流行した新しい文化である。

問2　筆者は，若者の多くにとって，〝自撮り〟写真というものが現在どのように認識され

　　ていると言っていますか。 14

1．他人とつながるための手段

2．自己顕示欲やナルシシズムを満たしてくれるもの

3．自分の記録を残しておくためのもの

4．自分を客観視するための材料

XIII　次の文章を読んで後の問いに答えなさい。

　コナギは小さな雑草だが，田んぼに繁茂しては肥料を吸い尽くして，イネの生長を妨げ
てしまう。肥料分の豊富な現代の稲作に適しているせいだろうか，コナギは田んぼのやっ
かいな雑草として，わが物顔に繁茂しているのである。

　しかし，稲株の影でひっそりと咲くコナギの花も，よく見ると，紫色の花びらと黄色い
雄しべのコントラストが美しく，なかなか高貴な花に見える。＊万葉の人々が心惹かれたの
もわかる気がする。

　植物が花を咲かせるのは，昆虫を呼び寄せて花粉を運ばせるためである。しかしコナギ
は，こんなに美しい花を咲かせるにもかかわらず，昆虫に頼ることなく，自分の花粉で受
粉して種を残す自家受精する植物である。

　コナギの受粉のしくみは巧妙である。コナギの花が開くときに，雄しべが雌しべにふれ
るようになっている。そのため，たとえ虫が来なくても種子を残すことができる。

　…（略）…

　たとえ昆虫がやってこなくとも，確実に種子を残すことができる能力は，雑草としては
優れた特性である。このしたたかさが，コナギを田んぼで成功させている大きな要因であ
る。

　しかし，不思議なことがある。こんなにたくましい雑草なのに，コナギは田んぼ以外の
場所ではほとんど見ることができないのだ。これは，どうしてなのだろうか。

　稲作が行われる田んぼは，人間が人工的に作った特殊な環境である。コナギはこの特殊
な水辺の環境に特化して適応を遂げている。

（稲垣栄洋『残しておきたいふるさとの野草』地人書館）

＊万葉：８世紀に作られた歌の本である『万葉集』のこと

問1　下線部「不思議なこと」とはどのようなことですか。　　　15

1．コナギが，虫が来なくても種子を残すことができること
2．コナギが特定の場所以外には生息していないこと
3．コナギが人工的に作られた田んぼで成功していること
4．コナギが紫色の花びらをした美しい花を咲かせること

問2　この文章で筆者は，コナギが繁茂できる一番の理由をどのように考えていますか。

　　　16

1．コナギは昆虫を呼び寄せて受粉する能力が優れているから
2．コナギは，自分の花粉だけで受粉できるから
3．コナギは肥料が少ないところでも生きられるから
4．コナギは，人々の心を惹きつける美しい花を咲かせるから

XIV　次の文章を読んで後の問いに答えなさい。

　　モズは百舌と書く。どうして「百の舌」なのか，不審に思って調べたことがある。中国では「百舌」はツグミ科の鳥を指しており，一方，和名にいうモズはスズメ目モズ科。それを *『日本書紀』が誤って用いてより百舌の表記が慣用化したらしい。

　　中国人がツグミ類に百舌の文字をあてたのは，巧みに鳴きまねをするからだろう。まるで「百の舌」をもつかのように，いろんなふうに鳴きかわす。

　　この点では，モズを百舌と書くのはまちがいではない。モズも上手にまねるからだ。ふだんは「ギチギチ」といった鳴き方だが，ヨシキリやメジロのさえずりそっくりに鳴くことがある。たいていは木の先端に辺りを**ヘイゲイするようにしてとまっている。喉をふくらませ，さえずりはじめると，あきらかに鳴き声に変化がある。人が他人の口まねをするように，しきりに転調させている。

　　獲物をひき寄せるためともいわれている。モズは肉食鳥であって，やにわに襲いかかる。鳴きまねをして油断させ，引き寄せるのかもしれない。

　　学者はすぐに実利的な理由をあげるが，人間にとって他人のまねが楽しいように，そのように鳴いているだけかもしれない。…（略）…耳慣れている鳴き声をまねているのか。

　　高所のせいと，それに鳴き声からもモズを識別するのはむずかしいが，飛翔のしかたでハタと気がつく。小さくても猛禽といわれるだけのことはあって，線を引くように，真一文字に獲物をめざす。精悍なヒョウがすっとんでいくのとそっくりだ。

（池内紀『森の紳士録』岩波書店）

　＊『日本書紀』：八世紀に完成した日本の歴史書
　＊＊ヘイゲイ：睥睨。睨みつけて威嚇すること

問1　筆者によると，中国の百舌と日本の百舌の共通点は何ですか。　　　17

1．きれいな鳴き声でさえずること
2．他の種類の鳥の鳴きまねをすること
3．同じ種類に属する鳥であること
4．古文書が名前の由来であること

問2　筆者はモズについて，どのように述べていますか。　　　18

1．野生のモズはほかの鳥の鳴きまねをして仲間を増やす。
2．肉食の鳥から追われるモズはヒョウのように速く飛ぶ。
3．モズの様々な鳴き声は獲物を引き寄せるためと考えられる。
4．鳴き声でモズと判断するのは，中国の百舌より難しい。

XV　次の文章を読んで後の問いに答えなさい。

　知らず知らずのうちに，学校生活を通じて学ぶことがら。それが「隠れたカリキュラム」です。

　わざわざ「隠れた」と呼ぶのは，時間を守るというルールであれ，がまんすることであれ，コミュニケーションのしかたであれ，そのこと自体を教えようというのが，はっきりした目的になっているわけではないからです。授業中に教えるべきだとされる内容，それは，その教科の知識です。それに対し，それほど明確に教えるべきこととして意識されているわけでも，述べられているわけでもないのに，授業中，知らず知らずのうちに教えられるルールや知識。表にはっきりとあらわれているわけではないという意味で，それが「隠れたカリキュラム」と呼ばれるのです。

　…（略）…別に，時間を守ることやがまんすることを教えよう，コミュケーションのしかたを身につけさせようとしているわけではありません。あくまでも，「ついでに」教えられること。それが，隠れたカリキュラムです。

　隠れたカリキュラムが学校で教えられるのは，実は学校が集団の場であることと関係しています。授業であれ，ほかの活動であれ，おおぜいの人がいっしょに何かをしようとする。集団としてまとまって活動するためには，一定のルールが必要になります。つまり，集団として活動をスムーズに行おうとすることが，授業の内容とは別に，ルール——すなわち，隠れたカリキュラム——を教えることにつながるのです。

（苅谷剛彦『学校って何だろう』筑摩書房）

問1　下線部「隠れたカリキュラム」とありますが，「隠れた」という表現が使われる理由
　　は何ですか。 19

　1．学校以外でも日常生活によって身につくことだから
　2．生徒同士での交流であり学校が介入するわけではないから
　3．学校での目的ではなく副次的に教わることだから
　4．裏でついでに教えられるほど基本的な内容だから

問2　筆者は「隠れたカリキュラム」についてどのように考えていますか。 20

　1．多数の人と関わるためのルールとして必要である。
　2．価値観を押しつけることになるので，廃止したほうがよい。
　3．学校で授業を受ける前に身につけておくべきだ。
　4．生きていく上で，学校の授業よりもはるかに大切である。

XVI　次の文章を読んで後の問いに答えなさい。

　あなたは「自分の伝えたいことは，相手に確実に伝わる」と思っていませんか。

　しかし，そう思うのは危険です。

「自分の話は伝わる」と思って相手に接すると自分本位の話し方になりがちです。

　自分が使い慣れた言葉を使ったり，自分の都合のよい順番に話したり，とにかく自分の
ペースで話します。そして，もし相手に伝わらなかった場合，

「なんで俺のいっていることがわからないんだ！」

　と，怒りを覚えてしまうかもしれません。

　一方，「伝わらない」を前提にすると「どうしたら伝わるだろう？」と相手の顔を思い浮
かべるはずです。

　たとえばあなたが友達に「お店の場所，教えて！」といわれたら，道順を説明できます
か。自分の頭の中に「店までの地図」を描き，それを相手に説明することになります。街
の風景は固定されたものですが，人によって注目するポイントが異なります。

　あなたが道順を説明するときは，自分の「地図」を使いながら，相手の頭の中に「地図
図」を描かせなければいけません。

　何を目印とするのか。どんな道順がいいのか。

　相手の顔を思い浮かべることは，わかりやすさのトレーニングにもなるでしょう。

　これは一般的に「他者意識」といわれています。

　他者を意識する，つまり「伝える相手」が見えてくるとどんな言葉を使えばいいか，ど
んな話し方をすればいいか考えるようになります。

　伝える相手を意識する。これがわかりやすい話し方の，スタートになるのです。

（竹内薫『教養バカ』SBクリエイティブ）

問1　下線部「自分の伝えたいことは，相手に確実に伝わる」と思っている人はどのような傾向がありますか。　|21|

1．コミュニケーションが苦手で怒りっぽいところがある。
2．自らの話ばかりをし，他人の話には耳を貸さない。
3．自分勝手な話し方で，相手が理解できているかを気にしない。
4．相手が内容を整理しながら聞けるようにゆっくりと話す。

問2　筆者は，わかりやすい話し方をする上で必要なことは何だと言っていますか。|22|

1．聞き手がどんな人かによって柔軟に話し方や言葉を選択すること
2．他者を意識し，自分の脳内のイメージをそのまま伝えること
3．誰に対しても分かりやすいように，できるだけ平易な言葉を使うこと
4．すぐに伝わらなくても，焦ることなく辛抱強く説明をし続けること

XVII　次の文章を読んで後の問いに答えなさい。

　日本には博物館協会に登録されている博物館が全部で三七〇〇もあるそうで，登録していないものも含めると（私設博物館，施設のみ，学校付属など）六〇〇〇にも達するという。そして，その九割以上は学芸員が二人以下の小さな博物館であり，いずこも予算を値切られて＊青息吐息である。その博物館を市民科学の足場にできないものだろうか。科学を語り，本物の自然に接し，さまざまな実験を行ない，日常のあらゆるところに科学の種が転がっていることを実感する，博物館をそんな科学の現場にしたいのである。むろん，ここで「科学」と言っても自然科学だけでなく，民俗・歴史・美術なども意味している。「博物学」として語られる事物はすべて「科学」の対象であり，文系・理系の区別をつけずに地域の人々と密着して世界を考える場としての博物館というわけである。

　博物館は歴史的な推移として，〔第一期〕珍品保存施設，〔第二期〕社会教育の拠点，〔第三期〕地域を変革する触媒，という役割を果たしてきた。時代とともに博物館の役割も変化し，社会に変化を引き起こす力を秘めていることも認識されるようになっている。人と人の交流の場となり，人材育成やアウトリーチ活動などを市民参加によって実践する中心となってきたのである。学芸員がたった一人であっても，そこに集う子供たちと一緒に地域活動に参加し，積極的に伝統行事を担っている科学館も知っている。

　そこで次のステップとして，地域の広い意味での科学（文化）を創造する場となることを目指すのはどうかと思うのだ。大きな科学館・博物館はそれなりに力もあるだろうが，小さな館ではそのように思ってもなかなか手が出せない。人も金も時間もないからだ。そこで「小さな科学館・博物館ネットワーク」を組み，各々が行っている活動のノウハウを交換するとともに，各館の利用者（特に子どもたち）が互いに入り乱れてインターネット上で参加したり，実際に訪れて実地参加したりする機会を増やすようにすればどうだろうか。等身大の科学とオープンサイエンスを結び付けようというわけだ。

　　　　　　　　　　　　　　　　　（池内了『ねえ君，不思議だと思いませんか？』而立書房）

　＊青息吐息：困難な状態であること

問1　筆者は，日本の博物館の現状をどのように捉えていますか。　23

1．数は多いが，小さな博物館では経営が困難になっている。
2．人口に対して数が足りず，学芸員の育成も不足している。
3．表面上の役割は変化しつつも，根本は変化していない。
4．大きな博物館ではなく小さな博物館に人気が集まっている。

問2　筆者はこれからの博物館はどうあるべきだと言っていますか。　24

1．公的援助に頼らず経済的な自立を目指すべきだ。
2．次世代の教育を行う，高度な教育の場になるべきだ。
3．新たな文化を生み出す活動的な場となるべきだ。
4．博物館の原点に戻り，文化財の保存に努めるべきだ。

問3　下線部「等身大の科学とオープンサイエンスを結び付けようというわけだ」とあり
ますが，そのためにはどんなことをすればよいと筆者は考えていますか。　25

1．科学者や専門家が中心となって運営し，博物館の専門性を高める。
2．小さな科学館や博物館をネットワークで結んで運営や利用者の交流を促す。
3．子どもたちが楽しめるように，子どもの興味に沿ったものを展示する。
4．科学館や博物館に行かなくてもインターネットで展示物を見られるようにする。

第 4 回の問題はこれで終わりです。

解答・解説は p.326 を参照してください。

実戦問題

解答時間 **70**分

記述問題
説明

　　記述問題は，二つのテーマのうち，<u>どちらか一つ</u>を選んで，記述の解答用紙に書いてください。

　　解答用紙の<u>テーマの番号</u>を○で囲んでください。

　　文章は横書きで書いてください。

　　解答用紙の裏（何も印刷されていない面）には，何も書かないでください。

記述問題

　以下の二つのテーマのうち，どちらか一つを選んで 400〜500字程度で書いてください（句読点を含む）。

1.
　街づくりの中で，文化財の保護を目的として，古い建物をできるだけ残そうという意見があります。一方で，安全のために建て直すべきだとの声もあります。
　これら二つの考え方について，どちらがよいと思うか，あなたの考えを述べなさい。

2.
　スポーツをする際に，技術や成績の向上を第一に考えるべきだという意見があります。一方で，そのようなことにとらわれず，心身の健康や自分の満足感を大切にして，楽しむことが一番だという見方もあります。
　これら二つの考え方について，どちらがよいと思うか，あなたの考えを述べなさい。

読解問題
説明

　　読解問題は，問題冊子に書かれていることを読んで答えてください。

　　選択肢 1，2，3，4 の中から答えを一つだけ選び，読解の解答欄にマークしてください。

I　この文章で，筆者は，医者と患者についてどのように述べていますか。　　**1**

　医者と患者の場合，難しいのは，関係が切れていないとだめだというところです。私は兄弟に医者が多いのでよく聞きますが，「自分の子どもは診られない」と言います。自分の子どもを診ると，すごく軽い病気でも重い病気だと考えてしまうそうです。自分の子どもだから，「大丈夫」と言いたくなるのですが，心配になりだすと，どこにもないような病名を思いついてしまう。要するに客観的に見られないのです。少し難しい病気になると，自分は診ずにほかの医者に診てもらうそうです。自分の子どもの手術をするなど，言わずもがなです。

　そういう意味では，関係が切れていないといけないのですが，まったく切れてしまっては務まりません。医者に行くときはみな，医者もこちらのことを考えてくれていると思うからうまくいくわけで，医者と患者との関係はすごく微妙です。この頃は，この「関係」をどう考えるかということが非常に問題になってきています。

（河合隼雄『河合隼雄のカウンセリング講話』創元社）

1．医者は家族を診るときには正常な判断ができず，楽観的になる。
2．医者と患者の関係は，ある程度の距離があるのがよい。
3．患者は病気を治したいだけで，医者との関係は考えていない。
4．医者は，家族に対してと同じように患者に親身であるべきだ。

Ⅱ　次のお知らせの内容と合っているものはどれですか。　　　　　　　　　2

緑山市生涯学習支援のお知らせ

　緑山市生涯学習課では幅広い分野の学習について，講座や相談所などを設けて支援をしています。子どもから高齢者まで，自分の趣味や生活に合わせてご利用ください。

　受付は，全て緑山市のホームページで行っております。緑山市のホームページの生涯学習のページからお申し込みください。お申し込みの際には，氏名・住所・連絡先を記入してください。全ての講座が，先着順となりますのでお早めにお申し込みください。

講座名	開催時期	対象	参加費 持ち物	会場	担当課
パソコン講座	毎月 第三月曜日	市内在住	無料	西公民館	西公民館
野鳥観察	12/9 12/16	市内在住 在学・在勤	50円 双眼鏡	緑山湖	環境課
日本語教室	毎月 第二土曜日	日本語を母語 としない人	無料 筆記用具	西小学校	教育課
体力テスト	毎週 日曜日	市内在住の 小学生以上	500円	東体育館	スポーツ課

【発行元】

緑山市　生涯学習課

電話番号：03-△△△△-○○○○

メール：edu-syogaigakusyu@XXXX.midoriyama.jp

※講座の内容等の詳細については，各担当課へお問い合わせください。

1．野鳥観察の内容を知りたい場合は，環境課に問い合わせる。

2．市内の会社に通う人は，パソコン講座に参加できる。

3．申込者が多数の場合，抽選によって当選者が決まる。

4．申し込みをする時は，参加可能日を記入する必要がある。

Ⅲ　（　Ａ　），（　Ｂ　）に入るものの組み合わせとして，最も適当なものはどれですか。

3

　強い魚に寄り添って，体につく寄生虫を食べる魚として，ホンソメワケベラがいる。ホンソメワケベラは大きな魚の体の表面や口の中をクリーニングする。大きな魚もそれを承知していて，ホンソメワケベラが口の中に入ってもけっして食べることはない。こうして，ホンソメワケベラはエサを手に入れながら，大きな魚に守ってもらっているのである。ところが悪知恵の働くやつはいるものである。

　このホンソメワケベラに化けて大きな魚に近づく魚がいる。それが，ニセクロスジギンポという魚である。ニセクロスジギンポはホンソメワケベラに姿形が似ているだけではなく，泳ぎ方まで似せている。こうして大きな魚に食べられることなく，近づくのである。そして，ニセクロスジギンポはあろうことか，ホンソメワケベラに化けて大きな魚の鱗をエサにして食べてしまうのである。

　驚いたことに，この小さな魚は，（　Ａ　）どころか，（　Ｂ　）のである。

（稲垣栄洋『弱者の戦略』新潮社）

1．Ａ：強者を利用する　　　　Ｂ：強者を食い物にしている
2．Ａ：強者を食い物にする　　Ｂ：弱者を利用している
3．Ａ：弱者を利用する　　　　Ｂ：強者を食い物にしている
4．Ａ：弱者を食い物にする　　Ｂ：弱者を利用している

IV　次の文章で筆者は，新しいことを生み出すためには，どうすればよいと考えていますか。　　4

　すでに存在するものごとを，いくら，上手に，正確に，表現しても，世の中はすこしも進歩しない。

　新しいこと，価値あることは，未来形である。いくら新しい本を読んでも，新しいことの出てくることは少ない。

　読書と知識から生まれた発見は，ほんものではない。本当に新しいことは，談論風発の風に乗って飛来する。それをとらえるのが英知である。いくら本をたくさん読んでも，その英知を身につけることが難しいことを文化の歴史は示しているように思われる。

　違った仕事をしている人，異なる専門の人が，用もないのに会合するというのは，功利的な社会において，きわめて難しいことである。しかし，新しいことは，そういう異質交流の間においてのみ生まれるらしいことをスペシャリスト，プロフェッショナルをありがたがる社会では考えることが難しい。

（外山滋比古『乱談のセレンディピティ』扶桑社）

１．自分の知識を洗練させて，世の中の風潮に合うように表現すればよい。

２．読書によって新しい知識を身につけ，その知識を応用すればよい。

３．一つの分野のスペシャリスト，プロフェッショナルになればよい。

４．自分とは異なる分野の専門の人と接することで，刺激を受けるとよい。

Ⅴ　筆者は，モラトリアムの時期の義務と権利は，どのように変化したと考えていますか。

5

　かつてモラトリアムというのは，半人前扱いで肩身が狭く，権利も大きく制限され，不自由で居心地が悪いため，若者はそんな状態を脱して早く一人前の大人になりたいと思った。つまり，かつてのモラトリアムは，義務はないけど権利もなく，一刻も早く抜け出したい不自由な時期だった。

　それに対して，現代のモラトリアムは，義務はないのに権利はあるため，いつまでも抜け出したくない自由で気楽な時期といった感じになっている。たとえば，アルバイトでもすれば，消費者としての権利を享受できる。定職に就かず，稼ぎがすくなくても一人前に意見を主張することができる。

　そうした変化には，物理的な豊かな社会，価値観の多様化，技術革新による変動の激しい社会といった要因が関係しているといってよいだろう。

（榎本博明『〈自分らしさ〉って何だろう？』筑摩書房）

1．過去に比べて現在では，義務とされることが増加した。
2．過去に比べて現在では，権利とされることが増加した。
3．過去に比べて現在では，義務も権利も増加した。
4．過去に比べて現在では，義務も権利も減少した。

Ⅵ　次の文章で筆者が言う「『自分で』考える」とは，どのようなことですか。　　6

　わたしたちはいろんなものごとを当然「自分で」考えていると思っている。しかしたとえば，わたしたちの抱く欲望が，ある意味でおよそすでに世の中にある欲望の可能性をなぞることしかできないように，わたしたちの考えは，たいてい，すでに世の中にある（あるいはすでに自分の中にある）考え方の枠組をなぞることしかできない。

　深く考えるとは，いうならば，自分の習慣的な考え方（それはまた社会的な習慣でもある）の枠組を底から見直し，その考え方を絶えず "書き換えて" みることなのである。こう考えると，これは並大抵のことではないことが判るだろう。ものごとを「自分で」考えるとは，じつは習慣的な自分の考え方に逆らって考えることなのである。…（略）…

　ところで優れた哲学者は，大なり小なりこの「自分で」考えることをしている（哲学者だけがそういうことをするというわけではないが）。わたしたちはだから，哲学を読むことで，彼らがどういう仕方で，自分の習慣的な考え方に逆らって新しい考え方をしたかについての，いろんな "モデル" を得ることができるのである。

（竹田青嗣『自分を知るための哲学入門』筑摩書房）

1．社会の習慣にとらわれず，自分の考え方をはっきりさせること
2．世の中の考え方を学び，自分の考え方を社会の習慣に合わせること
3．自分の考え方の根本を常に問い直し，新しい考え方を手に入れること
4．優れた哲学者をモデルとして，幅広く教養を身につけること

VII　次の文章の内容と合っているものはどれですか。　　　　　　　　　7

　テレビやインターネットで知識を学んでも，残念ながら読書で得られるような，「体系だった使える知識」は得られません。

　さらに，テレビやインターネットでは得られず，読書でしか手に入れられない決定的なものがあります。それは，社会を生き抜くための「思考力」です。

　テレビやインターネットで情報を得るという行為は，読書のように主体的な行為ではありません。ですから，流れてくる情報を一方的に受け取るだけで終わってしまいがちです。

　…（略）…

　それに対して，読書では思考力が鍛えられます。文字を追い，頭の中でその意味を咀嚼し，さらに自分の中へ変換していくプロセスが求められます。そのため，集中し続ける必要がありますし，頭の中はフル回転します。集中して読むことではじめて，思考力が高まっていき，読書で得たものが自分のものとなっていくのです。

（齋藤孝『大人のための読書の全技術』KADOKAWA）

1．テレビやインターネットでは，正しい知識を得ることはできない。
2．テレビやインターネット，本などからバランスよく知識を得るのがよい。
3．本を集中して読むことで，知識を学ぶことができ，考える力も身につく。
4．本を読むときは，著者の考えをそのまま知識として身につけるのがよい。

VIII　次の文章で，筆者の意見として適当なものはどれですか。　　　　　8

　現代の科学では明確に答えられない問題はたくさんある。しかし，「答えられない」という現実から目を背け，ある単純な結論を一方的に受け入れてしまうことは，その時点で思考停止に陥ることを意味する。この思考停止が，科学の世界では一番怖いのだ。

　…（略）…

　実際に科学の知識で対処できない問題にはどう立ち向かえばいいか。別の論理を持ち込めばいいのである。すなわち，科学知には限界があることを正確に認識したうえで，科学を軽々しく適用せず，さまざまな角度から慎重に吟味していけばいい。僕がお勧めしたいのは「利益よりも安全を優先する」ということ。それに，「予防のため疑わしきは罰する」。つまりは予防措置の原則だ。それに加えて，短期の利益と長期の損失のバランス，欲望の抑制，などなど。そういう，安全に重きを置いた観点が，偏った姿勢やニセ科学に陥ることから遠ざけてくれる。

（池内了『考える方法』筑摩書房）

1．複雑な思考よりも単純な思考の方が，物事の本質を捉えている可能性がある。
2．物事を判断する際は，短期的な視点より長期的な視点を優先させるべきである。
3．科学によって解決できない問題は，他の分野からも解決法を求めた方がよい。
4．利益と安全の両方に等しく価値があると考えて，問題の解決にあたるべきである。

Ⅸ　次の文章の内容と合っているものはどれですか。　　　　　　　9

　現在では，一人暮らしの家庭が増え，仕事で忙しい人も多いことから，普段はなかなか料理をつくる時間を取れない場合も多いでしょう。コンビニエンスストアでご飯やお惣菜を気軽に買うことができ，家庭の食事の姿もかなり変化してきました。しかし，ひと手間かけて手作りした料理は，やはり美味しいものです。

　日本食の場合，そのひと手間として重要なのは，出汁をとることではないでしょうか。きちんと出汁をとることで，料理の味は一段と良くなります。それに，出汁の美味しさを知ることは，子供の味覚を育てる上でも大切です。時代が変わり，食生活が変化しても，昔からの出汁の素朴な味には，変わらない美味しさがあると思います。

1．味覚が変化し，出汁をおいしいと感じない人が増えている。

2．出汁は昔から変わらない，日本食の要となるものである。

3．時代は変わっても，家庭の食事の姿は変わらない。

4．出汁は素朴な味なので，高級な料理では好まれない。

X　次の文章の内容と合っているものはどれですか。　**10**

　感覚だけに頼って発言すると，間違ってしまうことがあります。このとき，データは客観的な視点を与えてくれるのです。主観で考えたことに対しては，つねに「データで見てみよう」と意識していくことが必要です。ものごとを考えるときには，主観と客観的なデータがセットになっているべきなのです。私も発言するときには統計的なデータをふまえるように気をつけています。

　…（略）…

　ただし，仕事でデータを使う場合には，データだけでなく主観もセットにすることを忘れないでください。プレゼンを聞いていると，主観を入れずにデータだけ示す人が意外に多いものです。「マーケットはこうなっています。だからこうなります」というわけです。たしかにデータを使ってはいるけど，それだけでは相手の心に響くものにはなりません。ものごとを他人事として捉えているようにすら感じてしまいます。

（齋藤孝『いつも余裕で結果を出す人の複線思考術』講談社）

1．主観を入れないほうが，プレゼンテーションの説得力が増す。
2．プレゼンテーションでは，内容よりも相手の心に響くことが必要である。
3．ものごとを他人事として捉える人はデータを多用する傾向がある。
4．主観と客観はそれぞれに利点があり片方の視点では不足である。

このページには問題はありません。
次のページに進んでください。

XI　次の文章を読んで後の問いに答えなさい。

「ど忘れ」というのは，誰もがしばしば経験するものである。「のどまででかかっているのに，思いだせない」という言い方がある。のどまでその言葉がでかかっているのに，そのあたりに引っかかったまま，どうがんばっても口からでてこない。確実に覚えているという感覚はある。あとになって，もう必要なくなったころに突然思いだすだろうことも，経験的によく知っている。でも，いまここでどうしても思いだすことができない。それが「ど忘れ」である。

　こうした心理現象が示唆するのは，忘却がかならずしも記憶痕跡の消失を意味するのではないということである。

　忘却とは，記憶された内容が長期記憶から消えてなくなったことを意味するのではなく，それをうまく検索できないことを指す。それが検索失敗説である。

「この本のどこかに書いてあったのだけど，どこだったかな」とペラペラめくりながら探しても，なかなか見つからず苦労することがある。そんなとき索引がついている本の場合は，非常に便利である。

　冒頭にあげた「ど忘れ」などは，検索の失敗の典型といえる。確かに覚えているはずなのに，どうしても思いだせない。でも，あとになって，ふとした瞬間に突然思いだす。このことは，まさに思いだせないときにもその内容が消失したわけではなく，どこかに保存されていたことを証拠立てるものといえる。

（榎本博明『記憶力を高める科学』SBクリエイティブ）

問1　下線部「こうした心理現象」の内容として最も適当なものはどれですか。　$\boxed{11}$

1．覚えているはずなのに思い出せない。
2．忘れていたことを突然思いだす。
3．覚えたいことを覚えられない。
4．確実に覚えていることを確認する。

問2　この文章の内容と合っているものはどれですか。　$\boxed{12}$

1．「ど忘れ」した言葉は頭の中から完全に消去されている。
2．「ど忘れ」した言葉を思い出すことはまれである。
3．「ど忘れ」とは記憶の中から探したいものを探せないことを意味する。
4．「ど忘れ」とははじめから正しく記憶できていなかったことを指す。

XII　次の文章を読んで後の問いに答えなさい。

　スズメノテッポウやスズメノカタビラは，古い時代に稲作といっしょに日本に入ってきた＊史前帰化植物であるとされている。…（略）…

　スズメノテッポウやスズメノカタビラは田んぼばかりでなく，畑や荒地などさまざまな場所に生えるが，田んぼに生えるものは，ほかの場所に生えるものよりも種子が大きいことが知られている。

　田んぼは夏の間は水が入れられ，イネが栽培されているため，春の田んぼに生えるスズメノテッポウやスズメノカタビラは秋の稲刈りが終わった後に芽を出し，冬を越して，春になって田んぼに水が入れられるまでの間に，生長を遂げて種子を残さなければならない。そのため種子を大きくして，発芽後に速（すみ）やかに生長できるようにしているのである。

　種子の大きいほうが生長が速いなら，田んぼ以外の場所に生えるスズメノテッポウやスズメノカタビラも種子を大きくすればよさそうなものだが，話はそれほど単純ではない。

　種子を大きくすれば，生産できる種子の数は減ってしまう。田んぼは，いつ草取りされるかわからない畑や荒地に比べると，安定した環境で種子の生存率が高いので，種子の数を減らして，サイズを大きくすることが可能なのである。

　そうはいっても，人間が稲作をするために作り出した田んぼは特殊な環境なので，ここに生えることができる植物は限られる。

（稲垣栄洋『残しておきたいふるさとの野草』地人書館）

＊史前帰化植物：人類が文明を持つ以前に，大陸から日本に入ってきた植物

問 1　下線部「種子が大きい」とありますが，その理由は何ですか。　　13

1．種子の数が，他の植物と比べると少ないから
2．発芽後，すぐに生長しなければならないから
3．栄養の少ない環境で生長しなければならないから
4．種子の状態で冬を越さなければならないから

問 2　この文章の内容として正しいものはどれですか。　　14

1．田んぼは全ての植物にとって安定した住みよい環境である。
2．スズメノテッポウやスズメノカタビラは田んぼにしか生えない。
3．特殊な環境においては，同じ種でも異なる生態になることがある。
4．秋に発芽をする植物は，冬に種子を作ることが多い。

XIII　次の文章を読んで後の問いに答えなさい。

　人間環境宣言に呼応するかのように，ローマクラブがマサチューセッツ工科大学のデニ
ス・メドウズを主査とする国際チームに委託して一九七二年にまとめられたのが『成長の
限界』であった。「宇宙船地球号」という素晴らしいキャッチフレーズを使って，「有限の
資源と有限の環境容量の地球において，人口増加や環境汚染がこのまま続けば一〇〇年以
内に成長の限界に達するであろう」と警鐘を鳴らしたのである。「人口は幾何級数的に（掛
け算で）増えるが，食料は算術級数的に（足し算で）でしか増えない」というマルサスの
主張が，現代の人口問題に適用されることを示したのだ。
　当時の私は（高度成長期の日本であったためだろう），ローマクラブの報告は過剰な心配
に過ぎない，予想されるそれらの困難は科学・技術の発展によって解決されるはずだと考
えていた。農業生産はまだまだ伸びると予想していたように，まさに成長神話に冒されて
いたのである。むろん，それは私だけでなく世界中が同じように考えていたようで，それ
以後も大量生産・大量消費・大量廃棄のシステムの成長・発展にブレーキがかかることな
く，むしろ加速されたと言うべきだろう。そして，今や地球全体を共通市場とするグロー
バル経済の時代に突入し，真の「成長の限界」にぶつかろうとしているのが二一世紀の現
実なのである。オゾン層の破壊は何とか抑えることはできそうだが，ローマクラブの警告
は何年後に満たされるのであろうか，そしてそれは間に合うのだろうか。

（池内了『ねえ君、不思議だと思いませんか？』而立書房）

問1　下線部「宇宙船地球号」とはどのようなことを指していますか。　　　**15**

1．資源が有限である地球は，宇宙空間で閉じた宇宙船のようだということ

2．人が幸せに生きている様子は，宇宙での船旅を楽しんでいるようだということ

3．科学技術の発展によって，地球は宇宙船のように人工的になっているということ

4．環境汚染が続く地球は，宇宙に汚染物質を放出する宇宙船のようだということ

問2　筆者の考えと合っているものはどれですか。　　　**16**

1．資源や環境の保護と経済成長は，両立可能である。

2．経済のグローバル化は，成長の限界の突破口になる。

3．このままでは，人々の生活は行き詰まる可能性がある。

4．ローマクラブの警告への反発が，成長と発展を加速させた。

XIV　次の文章を読んで後の問いに答えなさい。

　一度失敗すると，同じような場面には過剰な反応をしてしまう。負けぐせがつく，など
というのもそうである。同じような場面で，〝そのまんま〟でいられず，失敗する可能性が，
失敗したという既成の事実のように感じられてくる。すると，〝そのまんま〟でいられなく
なり，失敗の可能性を前にしただけで気分が沈下してくる。

　…（略）…

　似たようなことがあるたびに，失敗すまいとしてストレスを感じ，〝そのまんま〟でいる
ことなどできなくなる。

　(1)このような人は，自己に対する要求が非現実的に高いのであろう。自分に対する期待
が，非現実的なまでに大きすぎて，結果として自分の能力を充分に発揮することができな
いのだろう。

　いろいろな場面で失敗を避けようとする人は，何かを避けようとする，そのことだけで，
すでに〝そのまんま〟ではない。

　…（略）…

　では，なぜ，(2)自分に対する期待が非現実的なまでに高くなってしまうのだろうか。

　それは心の底で漠然と，ありのままの自分に失望しているからではないだろうか。心の
底で漠然と，ありのままの自分は価値がないと感じているからではないだろうか。

　しかし，漠然と感じているだけで，はっきりとありのままの自分は価値がないと意識し
ているわけではない。

　つまり，無意識の領域で，ありのままの自分は価値がないと思っているということであ
る。そして，自分は価値がないという感じ方の抑圧が，意識の領域で自分への期待を過大
なものにする。

（加藤諦三『自分を嫌うな』三笠書房）

問1　下線部⑴「このような人」とはどのような人ですか。　　　　　17

1．失敗を重ねた結果，自分に対しての信頼が低下している人
2．失敗によって気分が落ち込み，さらなる努力を放棄する人
3．失敗をすることを過剰に恐れて，本来の自分を出せない人
4．失敗したことにストレスを感じて，能力が低下している人

問2　下線部⑵「自分に対する期待が非現実的なまでに高くなってしまう」原因は何ですか。　　　　　18

1．ありのままの自分とは何かがわからなくなっていること
2．無自覚に，ありのままの自分は無価値だと考えていること
3．ストレスによって，自分の能力をありのままに発揮できないこと
4．ありのままの自分の価値や能力を，無意識に過信していること

XV　次の文章を読んで後の問いに答えなさい。

　相談に来られる人たちで，自分の努力が報われないことを嘆く人や，できるかぎりの努力をしてみたが解決の緒が見つからない，と苦しみを訴える人は多い。

　努力して努力して，後一息というときに思いがけない不運が生じる。あるいは，コツコツと努力を続けているのに誰も認めてくれない。それに対して，努力もせずに派手なことをする人に皆は注目したり，ほめそやしたりする。問題解決のためにできる限りの努力をしても駄目，という人もある。…（略）…

　確かにいくら努力しても報われないとか，不運としか言いようがないとか，そのような人が居られることは事実で，まったくお気の毒なことである。あるいは，努力しても努力しても解決の緒さえ見つからぬときもある。しかし，翻って考えてみると，（　Ａ　）などということが本当に正しいのか，なぜそうなのかわからなくなってくる。私は来談される沢山の人たちのお話を聴いていて，人間が自分の努力によって，何でも解決できると考える方がおかしいのではないか，と思いはじめた。

　このように考えると気がついたことは，努力しても解決がないと嘆いている人は，そのために，「自分の努力が足りないからだ」と不必要に自分を責めたり，「こんなに努力しても解決しないのは，××が悪いからだ」と考え，他人や組織やいろんなものを憎んでみたり，要するに自分の苦しみを倍加させている，ということである。

（河合隼雄『こころの処方箋』新潮社）

問1　（　A　）に入るものとして，最も適当なものはどれですか。　　　| 19 |

1．「努力すればうまくゆく」

2．「努力することは無駄である」

3．「努力によって苦しみが増える」

4．「努力している人を責めてはいけない」

問2　「努力」について，筆者の意見に最も近いものはどれですか。　　　| 20 |

1．努力が報われないと嘆いている時間があれば，さらに努力すべきである。

2．努力をせずに報われているように見えても本当は努力している。

3．努力によって解決しない時は，他人や組織に問題がある。

4．努力をしても問題が解決しなかったとしても嘆く必要はない。

XVI　次の文章を読んで後の問いに答えなさい。

　ナマケモノとは「怠け者」の意味だから，ずいぶんとひどい名前をつけられたものである。

　しかし，その名にふさわしいほど，ナマケモノは動かない。何しろ一日二十四時間のうち，二十時間以上は眠っている。しかも動くスピードもじつにゆっくりである。わずか一〇〇メートルを移動するのに一時間も掛かるというから，相当にのろい。あまりに動かないので体にコケが生えるほどだという。

　他の動物たちはエサを求めて動き回り，敵から逃げ回っているのに，どうしてこんなにものんびりとしていられるのだろうか。

　じつは，これもナマケモノの立派な戦略である。

　ナマケモノは南米に暮らしているが，そこにはジャガーという肉食獣がいる。多くの生き物にとってジャガーは恐ろしい天敵である。何しろネコ科であるにもかかわらず水を怖がらない。水の中も泳いで追いかけてくる。さらには木登りも得意だから，木に登って逃げようとしても敏捷なジャガーにすぐにつかまってしまう。南米のジャングルでは，ジャガーから逃れられる場所はないのだ。

　そこで，ナマケモノはジャガーに見つからないように，徹底的に動かない戦略に出たのである。ジャガーなどの肉食動物は動体視力は優れるが，木の葉の茂った中にいる動かない獲物を見つけることは得意ではない。さらには，ナマケモノの体に生えたコケも，身を隠すには好都合である。

　しかし，ずっと動かずにいられるわけではない。何しろ生きていくためには，エサを探して食べなければならないのだ。

（稲垣栄洋『弱者の戦略』新潮社）

問1　筆者は，ナマケモノがほとんど動かない理由は何だと言っていますか。　　21

1．天敵のジャガーが静止した動物を見つけることが不得意なため
2．外敵が来た時に備えて，エネルギーを蓄えておくため
3．敵の目をだますための模倣技術を習得できなかったため
4．食事の量がわずかなので，エサを求めて動き回る必要がないため

問2　筆者はナマケモノについてどう述べていますか。　　22

1．ナマケモノは実際には素早く動けるので，怠け者ではない。
2．ナマケモノは怠けているが，それを批判するのは思いやりに欠ける。
3．ナマケモノの動きがゆっくりであるのはエサを探すのに好都合である。
4．ナマケモノが動かないのは戦略であり怠けているわけではない。

XVII　次の文章を読んで後の問いに答えなさい。

　現在の脳科学の見解によれば，夢は脳の情報を整え，記憶を強化するために必須な過程であるとされています。記憶は夢を見ることによって保存されるのです。つまり，寝ることは，ものごとをしっかりと覚えるための大切な行為なのです。米国の精神医学者スティックゴールドは二〇〇〇年の認知神経科学雑誌に，何か新しい知識や技法を身につけるためには，覚えたその日に六時間以上眠ることが欠かせないという研究結果を発表しました。一睡もせずに詰め込んだ記憶は，側頭葉に刻みこまれることなく数日のうちに消えてしまうのです。テスト直前に徹夜で詰め込んだ知識が，すぐに忘れ去られてしまうことは，皆さんもきっと経験していることでしょう。十分な睡眠をとったほうが効率よく記憶されるのです。

　実際，学習したものが少し時間をおくと高度化するという不思議な経験をした人もいることと思います。たとえば，テニスのレッスンでどんなに練習をしてもうまく打てるようにならないコースがあり，精神的には煮詰まってしまいフテ寝をしてしまったが，翌日に試してみたらすんなり打てたなどという現象が(1)それです。また，勉強してもさっぱりわからなかったことが，ある日突然，目から鱗（うろこ）が落ちたようによく理解できたということもあります。

　こうした現象は「レミニセンス（追憶）現象」とよばれています。寝ている間に記憶がきちんと整理整頓され，その後の学習を助けた結果であると考えられています。夢見る記憶は育つというわけです。反対に，学習したものが，レミニセンス現象により十分な効果を発揮するまでには，ある程度の時間が必要であるともいえます。直前に詰め込んだ知識よりも，覚えてから数日おいた知識のほうが，ほどよくこなれていて脳にとっても利用しやすい記憶になっています。(2)記憶は時間をかけて熟成するワインのようなものです。

（池谷裕二『記憶力を強くする』講談社）

問1　筆者によると，夢を見ることにはどのような効果があると考えられていますか。

23

1．新たな発想を生み出す効果

2．記憶を定着させる効果

3．精神を安定させる効果

4．脳に刺激を与える効果

問2　下線部(1)「それ」は何を意味していますか。

24

1．学習した内容を理解するのが困難だということ

2．学習した内容をさらに発展させるということ

3．学習した内容が精神に影響を与えるということ

4．学習した内容が少し期間があいたあとに身につくこと

問3　下線部(2)「記憶は時間をかけて熟成するワインのようなもの」とはどのような意味
　　　ですか。

25

1．覚えてから時間がたった知識の方が利用しやすいということ

2．昔から使われている言葉の方が価値があるということ

3．物事を覚える時は時間をかけた方が頭に残りやすいということ

4．価値のあることは長い間覚えているということ

第 5 回の問題はこれで終わりです。
解答・解説は p.330 を参照してください。

第**6**回

実戦問題

解答時間 **70**分

正解と得点分布図確認

QRコードを読み取っ
てオンライン解答用
紙に解答を記入し、正
解と得点分布を確認
してください。

記述問題
説明

　　記述問題は，二つのテーマのうち，どちらか一つを選んで，記述の解答用紙に書いてください。

　　解答用紙のテーマの番号を○で囲んでください。

　　文章は横書きで書いてください。

　　解答用紙の裏（何も印刷されていない面）には，何も書かないでください。

記述問題

　以下の二つのテーマのうち，どちらか一つを選んで 400〜500字程度で書いてください（句読点を含む）。

1.

　携帯音楽プレイヤーの普及により，世界中の様々な音楽を気軽に聴けるようになった現在でも，コンサートホールなどに音楽を聴きに行く人は多くいます。

　なぜいつでも気軽に音楽を聴ける世の中で，コンサートホールなどに音楽を聴きに行くのか，理由を説明しなさい。

　そして今後，音楽をどのように楽しむのがよいでしょうか。あなたの考えを述べなさい。

2.

　自然との触れ合いが大切だと言われていますが，現代では，あまり自然に触れたことがない子供が増えています。

　なぜあまり自然に触れたことがない子供が増えたのか，理由を説明しなさい。

　そして今後，子供たちが自然と触れ合う機会を増やすには，どうすればよいでしょうか。あなたの考えを述べなさい。

読解問題
説明

読解問題は，問題冊子に書かれていることを読んで答えてください。

選択肢 1，2，3，4 の中から答えを一つだけ選び，読解の解答欄にマークしてください。

Ⅰ　次の文章で筆者が難解な本を読んだほうがよいと考える理由はどれですか。　　1

　　本の中には，あなたが知らなかった言葉や表現が広がっています。

　　効率を求める理系の人が毛嫌いするジャンルの一つに，哲学書があります。

　　哲学者というのは，人間のあるべき姿や世界のあり方など根本的なことを突き詰めて考えている人たちです。多くの哲学書が難解なので手を伸ばしにくいのは事実でしょう。

　　それでも，「難解な本を読む」というのは実に重要なことです。

「自分がわからないことが見つかる」というのは，現時点の問題点が明るみに出るということです。わからなくてもいいから，まずは読み進める。それによって，自分がわからないことがわかります。「わからない」というのは決して無駄なことではないのです。

（竹内薫『教養バカ』SBクリエイティブ）

1．難解な本は，人間のあるべき姿やあり方が書かれているから

2．難解な本は，読者の現時点の問題点を明らかにするから

3．難解な本は，効率を追求する方法が書かれているから

4．難解な本は，多くの人が手を伸ばしにくいものだから

II　次の文章は健康診断に関するお知らせです。この文章の内容と合っているものはどれ
　ですか。　　　　　　　　　　　　　　　　　　　　　　　　　　　　　　　　　2

入学時健康診断の実施

　新入生の健康の状態を把握するために東亜大学では入学時健康診断を実施していま
す。

　入学時健康診断を受診していない場合には，スポーツ系の授業の履修が認められな
いほか，大学内スポーツ系施設の利用や学食などの利用ができなくなります。

1．実施日時
　　・社会科学系の学部に属する新入生
　　　4/14（火）　10:00-18:00
　　・自然科学系の学部に属する新入生
　　　4/21（火）　10:00-18:00

2．実施場所
　　東京キャンパス　24号館地下1階　保健センター

3．持ち物
　　学生証・筆記用具
　　（持ち物を忘れた場合は健康診断を受診することはできません。）

4．その他
　　実施日時にやむをえない理由により健康診断に参加できない場合には，自分の
　所属とは異なる学部の実施日時で参加可能です。学内での入学時健康診断に参加
　できない場合は，東京都内の保健所や医療法人で指定の健康診断を受けてください。

1．学外の健康診断は国外にある指定病院も受診可能である。

2．学生証を忘れた場合でも健康診断を受けることができる。

3．社会科学系の学生が4月21日に健康診断を受けることはできない。

4．健康診断を大学で受ける場合，学部を問わず同じ場所で実施する。

III　下線部「これら」が指している内容はどれですか。　　　　　　　　3

　　ホモ・サピエンスたるヒトが生物のなかで唯一文化を生み出す動物となったのは，脳が大型化したこと（その結果，社会的な知能へと進化できた），及び言語を可能にしたこと（その結果，知識伝達によって経験の蓄積と継承ができ文化の創造へとつながった）の二つの要素が大きな役割を演じたと考えられている。前者の脳は物質的な条件であり，後者の言語は精神的な条件だから，肉体と心の両側面の発達が必要であったことになる。これらは互いに影響し合っており，言語の習得が進むにつれ脳の発達が促され，逆に脳の発達が新たな言語能力の開発につながったのではないだろうか。いったん言語を獲得すれば，概念を表象し蓄積し伝承することを通じて文化は豊かになり，さらに言語を文字化した結果として記録性が向上したのは確かだろう（文字を持たない民族も存在しており，文字の有無と文化の創造との関係は一筋縄ではいかないが）。つまり，ヒトとしての共通基盤として言語の獲得がまずあったのだ。

（池内了『ねえ君、不思議だと思いませんか？』而立書房）

１．経験を蓄積したことと文化を創造したこと
２．知能が進化したことと経験を蓄積したこと
３．文化が豊かになったことと記録性が向上したこと
４．脳の容積が大型化したことと言語を話すこと

Ⅳ　次の文章で筆者は，歌舞伎の面白さは何だと言っていますか。　　　　　　　 4

　歌舞伎は，今から400年以上前に始まった日本の伝統芸能です。どのような芸能であるか
は，「歌舞伎」という呼び名から，読み取ることができます。元々，「かぶき」という言葉
は，「奇抜な身なりや行動をする」という意味の「傾く」という言葉に由来します。現在で
は，この「かぶき」という言葉に，音楽を表わす「歌」，舞い踊ることを表わす「舞」，そ
して，役者の技を表わす「伎」という三つの文字を宛てて，「歌舞伎」と表します。役者た
ちが歌い，舞う，総合的な芸術を「歌舞伎」の一言で表しているのです。

　歌舞伎には，時代ごとの話題を盛り込んだ作品が残っています。昔の町で起きた出来事
を盛り込むだけではありません。現在では，オペラやバレエなど，海外の芸術の要素を取
り込んだり，テレビドラマの脚本家が手掛けた作品もあるのです。歌舞伎の面白さを形作
る要素は，古い伝統をそのまま継承するのではなく，時代の変化を柔軟に受け入れるとこ
ろにあると言えるでしょう。

１．伝統を捨て，時代の変化に合わせる柔軟さがあること
２．舞台上の役者たちが奇抜な身なりや行動をすること
３．「歌舞伎」という芸能の本質を表す三字を用いていること
４．伝統を踏まえつつも新しい要素を受け入れていること

Ⅴ　次の文章で，筆者が最も言いたいこととして，適当なものはどれですか。　　　　5

　　いまの日本社会の大きな問題点の一つは，大多数の人が〈知識〉に縛られ，その結果，退屈な日々を送っているところにある。

　　知識がブレーキをかけて，失敗を伴うリスクがあるものを極端に避けたがる。

「お金については，貯金がいちばん堅実だ」

「自分で考えて会社を興したりするよりも，会社に養ってもらえるサラリーマンのほうが安泰だ」

　　そうした考え方が蔓延して生活に張りがなくなり，国全体が文化的に貧しくなっているように思われる。とりわけ定年退職後の高齢者は，貯金を取り崩すほかに選択肢がなくなってしまう。

　　退屈な社会はリスクの高い社会だ。

　　暴発する人間が出てくるかもしれないし，やることがなければ悪い老化はどんどん進む。人生を面白くするためには，知識偏重でリスクを過度に恐れる考え方を改める必要があるのではないか。

（外山滋比古『お金の整理学』小学館）

1．正しい判断ができるように知識をつけるべきである。

2．常にリスクがあるほうを選択するべきである。

3．知識に縛られて人生を退屈にするべきではない。

4．リスクの多い社会では，暴発する人間が増える。

Ⅵ　次の文章で，筆者が最も言いたいことはどれですか。　　　　　　　6

　　＊ショウペンハウエルやニーチェのような天才が，「読書で知識を仕入れただけでわかっ
　たような顔をするな。ちゃんと自分で思索を深めてこそ本物だろう」と言うのもわかりま
　す。彼らのような頭脳の持ち主にしてみれば，歯がゆい思いもあるでしょう。

　　しかし，そんな天才は別として，もし，すべてを自分の頭で考えられると思っている人
　がいるとしたら，さすがに思い上がりもはなはだしいのではないでしょうか。

　　だいたい，現代文明の九九・九九％は，すでに過去の歴史の中で考え抜かれたことでで
　きあがっています。そのことを知ったうえでなければ，今後，人類が発展していくことは
　難しいでしょう。そういう意味で，他の人がどんなことを考えてきたのかを知らずに先を
　目指すというのは，非科学的な態度と言えます。

　　　　　　　　　　　　　　　　　　　　　（齋藤孝『大人のための読書の全技術』KADOKAWA）

　　＊ショウペンハウエルやニーチェ：哲学者

　１．他の人や過去の考え方にとらわれると，科学は発展しない。
　２．現代文明を作り上げてきた，過去の時代の人々を尊敬すべきだ。
　３．天才は他の人に学ばなくても，自分で思索を深めることができる。
　４．他の人の考えを知った上で，自分で考えを深めるべきだ。

VII　次の文章の内容と合っているものはどれですか。　　　　　　　　7

　規律もなく，ただ役立たずが集まったようすは「烏合の衆」と呼ばれる。「烏合」というのは，カラスの群れのことである。カラスは集まっても，まとまりもなく，ただうるさいだけであることから「烏合の衆」と呼ばれるのである。

　しかしカラスは，人間のようにただ何の目的もなく集まっているわけではない。実際にはカラスは，縄張りを持ち，群れを作らずに単独で行動する。

　ただし，若いときには，カラスは群れで行動する。まだ一人前ではない若い鳥は，群れで行動することにより，猛禽類などの天敵から逃れたり，仲間と力を合わせて効率よくエサ探しをするのである。

　また，成鳥も繁殖期以外は，夜には集団でねぐらを作る。カラスにとって，夜はもっとも無防備な時間帯である。そのため，大きな群れを作って，タカやフクロウから身を守るのである。しかも，カラスはねぐらに行く前に，まず集まって群れを作る。こうして，すぐにねぐらに行くのではなく，その周辺が安全かどうかを確認してから，移動するのである。

　カラスは情報伝達能力に優れており，鳴きながら情報交換をしているということがわかっている。烏合の衆と揶揄されるカラスの群れにも，じつは，ちゃんとした目的があるのである。

（稲垣栄洋『弱者の戦略』新潮社）

1．人間は目的を持って集まるが，カラスが集まるのは偶然に過ぎない。
2．カラスは成鳥になれば常に単独行動だが，若いときは群れで行動する。
3．カラスは，夜はねぐらに直行して，集団になって外敵から身を守る。
4．カラスは群れを作ることで，身を守ったり情報を交換したりしている。

Ⅷ　下線部「日本人のイエス，ノーがあいまい」な理由として，最も適当なものはどれ
　　ですか。

8

　アメリカ人が言う。<u>日本人のイエス，ノーがあいまい</u>だ，なにを考えているか，わから
ない。

　話し合いをする。はじめにイエスと言っておきながら，だんだん，はっきりしなくなり，
終わりはノーになってしまう。なんたる非論理か，などと言ってバカにする。イエスなら
終わりまでイエスでなくてはこまる。日本人は何を考えているのかわからない，そう言っ
てきめつける。

　日本人がはじめにイエスと言っても，本当に承知しているのではない。あいさつ，なの
である。せっかくもちかけてくれた話である。*ノッケからダメときめつけるのはいかにも
気の毒だ。本音ではない社交的配慮で，一応肯定したようなことを言う。本音でないこと
は，日本人同士ならわかるのだが，外国人が相手では通じないのである。相手へのいたわ
りが先に立って本当のことをひかえる気持ちが生じて，心にもないイエスになる。相手を
立てようとして，あえて，あいまいなことを言うのである。

（外山滋比古『国語は好きですか』大修館書店）

　＊ノッケから：最初から

1．明確にしないことで，後々のトラブルを避けられるから
2．話しているうちに何が言いたいのかわからなくなるから
3．相手に気を使って，最初から本音を言うことはしないから
4．相手の話を聞くにつれて考えが変わることが多いから

IX　下線部「芭蕉」について正しいものはどれですか。　　　　　9

　俳句は，チームスポーツのようなものだと言えます。

　チームのリーダーが＊芭蕉で，チームのメンバー全員が順番にアイデアを出していく。＊＊連句の会では全員に等しく順番が回ってくるので，パスは許されません。みんな追い込まれながらも「これがわたしのアイデアです」と精一杯のものを出す。

　そんなことを繰り返していたのですから，芭蕉の弟子たちは鍛えられました。芭蕉の弟子たちのつくった句には，師である芭蕉と比べても遜色のない作品が数多くあります。

　芭蕉は，とても優れた教育者だと言えます。

　なぜなら，彼のあとには三百人とも二千人とも言われる弟子たちがいるからです。しかも，それが源流となっていまの膨大な俳句人口に至るのです。俳句を楽しんでいるほとんどの人が芭蕉の弟子みたいなものです。

　実際いまは，俳句というと＊＊＊蕉風が当たり前だと思われています。わたしたちが思っている俳句らしさというのは，芭蕉がつくった美意識なのです。

（齋藤孝『「型破り」の発想力』祥伝社）

＊芭蕉：松尾芭蕉。17世紀に活躍した俳句の名人

＊＊連句：ある人が言った最初の句から，他の人が即興で次の句を歌い上げること

＊＊＊蕉風：松尾芭蕉による俳句の作り方

1．即興で連句を作ることを強制したので，弟子からは嫌われていた。

2．現代まで受け継がれる俳句の多くは芭蕉の作風が基になっている。

3．蕉風にこだわらず自由な句を認めた点で，優れた教育者だと言える。

4．弟子の俳句も，同じ蕉風のため芭蕉の作品とみなされていた。

X　筆者によれば，振付家が尊敬されるようになったのはなぜですか。　　　　10

「振付」という言葉から人はどのようなイメージを抱くだろうか。音楽に耳を傾けて想を練り，脳裏に美しい身体の動きを着想し，それを稽古場で実演して見せる。ダンサーたちはその動きを学んで舞台に立つ。観客が感動するダンサーたちの優雅な所作は，みな振付家が創造したものである。と，まあ，こんなところだろうか。そして振付家が＊今世紀にかつてない尊敬を受けるようになったのは，このような過程を経る振付が一種の創造と見なされたからである。即ち作曲家が楽曲の創造を行い，劇作家が戯曲の創造を行うように，振付家は「所作の創造」を行うのだから，紛れもなく作家であり，従って芸術家であるというわけである。創造こそが芸術の本質的要件であるという近代的芸術観がなければ，振付家がこれほどの脚光を浴びる時代は来なかったにちがいない。踊り手は，俳優や演奏家同様，せいぜい解釈において独自性を打ち出すことくらいはできるかもしれないが，本当の創造は作家，すなわち振付家や劇作家や作曲家の仕事だと考えられたからである。

(尼ヶ崎彬『ダンス・クリティーク』勁草書房)

　＊今世紀：20世紀

1．作曲家や劇作家の地位が相対的に下がったから
2．振付が創造的な芸術だと見なされるようになったから
3．踊り手の自己表現を助ける役割が評価されたから
4．近代的芸術観が批判され，創造性の重要さが低下したから

このページには問題はありません。
次のページに進んでください。

XI　次の文章を読んで後の問いに答えなさい。

　欧米と比べて，日本では，「言葉に出さないやさしさ」というものも伝統的に大切にされてきた。

　察するというのは日本独自のコミュニケーションの仕方だと言われるが，何でも言葉に出せばいいというものではない，といった感覚が日本文化には根づいている。

　何か悩んでいそうな相手，落ち込んでいる様子の相手に，

「どうした？元気ないけど，何かあったの？」

　と声をかけるのもやさしさではあるが，人には言いにくいこともあるかもしれない，今は人に話をするような気分ではないかもしれないなどと考えて，あえて何も言わず，そっとしておく，というやさしさもある。

　また，同情されることで自尊心が傷つく場合もある。相手に負担をかけることを非常に心苦しく思う人もいる。そのような相手の場合は，同情の気持ちが湧いても，そっと見守る方がいい。そんなやさしさもあるだろう。

　…（略）…

「大丈夫？」

　と言いそうになると，大丈夫じゃなさそうなのに，こんな言葉は不適切だと感じる。

「なんか，大変そうだね」

　と声をかけようとした瞬間に，そんな言い方は突き放した感じがするような気がしてくる。そうした思いが頭の中を駆けめぐるため，声をかけるタイミングを逸する。

　…（略）…

　こうしてみると，やさしさは，行動だけでなく，相手を思いやる気持ちとしてとらえる必要があるだろう。安易に言葉をかけるより，そっとしておく方が相手のためと思い，あえて声をかけずにおくのもやさしさに違いない。

（榎本博明『「やさしさ」過剰社会』PHP研究所）

問1　下線部「声をかけるタイミングを逸する」理由として，最も適当なものはどれです
　　か。　　　　　　　　　　　　　　　　　　　　　　　　　　　　　　　　11

1．声をかける相手と時間の感覚が違うから
2．声をかける相手の気持ちが理解できないから
3．声をかける相手が反発するのを恐れているから
4．声をかける相手の気持ちを考えすぎてしまうから

問2　筆者の考えと合っているものはどれですか。　　　　　　　　　12

1．日本では欧米と比べて話をしない人が多い。
2．やさしさは行動として表れるものだけではない。
3．悩んでいそうな相手には声をかけてはいけない。
4．やさしさは行動で相手に伝えるほうがよい。

XII　次の文章を読んで後の問いに答えなさい。

　日本の古い言い伝えには，夕暮れ時，子供たちが外で遊ぶことを禁じるものがあった。薄暗い時刻に遊んでいると，子供を連れ去る者がいるとか，鬼に連れていかれるとか，だいたいはそんな話である。一般に，それらは＊神隠しという言葉で知られている。実際のところ，かつては都会の中であっても，迷子がずいぶん多かった。子供の姿が見えなくなると，町内の男たちが明かりを掲げて，子供を呼び歩いたという。

　そのような話の多くは，客観的な事実としては，ただの迷子であったかもしれない。ところが，昔の人々は，これを鬼や化け物の仕業であると考えた。現代のように科学が発達していない時代，そうやって未知なる現象に名前を付けることが，実際に目の前で起こっている出来事を冷静に受け止める上で有意義だったのだろう。

　現代的な感覚をもつ者は，昔の人の言い伝えを笑うだろうか。たしかに，二一世紀にもなって，鬼も化け物もないであろう。しかし，朝のテレビ番組には星占いのコーナーがあるし，日本全国の子供たちのあいだで＊＊都市伝説が流行したのも，つい最近のことである。科学的なものが真実であると仮定すれば，星占いも，噂話も，（　Ａ　）はずだ。

　人間の内面には，主観的な世界がある。人々は，自然に対する恐れや不安を言語化し，何らかの意味をもつ物語を共有してきた。そのことを忘れてしまうと，昔の人がひたむきに自然と接してきた姿を見失ってしまうだろう。

　＊神隠し：人間，とくに子供が突然姿を消すことを指す言葉
　＊＊都市伝説：近代の都市空間における口承の説話

問1　（　A　）に入るものとして最も適当なものはどれですか。　　　13

1．興味深いものとして受け入れられる

2．馬鹿げたものとして切り捨てられる

3．科学的探究の対象として注目される

4．人々の生き方を決定するものになる

問2　この文章で筆者は，日本の古い言い伝えをどのように評価していますか。　14

1．昔の人が，不可解な現象を了解する上で必要なものだった。

2．人間には見えない世界が実在することを示唆している。

3．客観的事実を把握するには，むしろ害となるものだった。

4．現代人にはない精神性を映し出すものとして研究価値がある。

XIII　次の文章を読んで後の問いに答えなさい。

　カタクリは早春のごく短い期間に花を咲かせるだけで，春の終りとともに幻のように姿を消してしまう。カタクリはスプリング・エフェメラルとよばれているが，エフェメラルはもともと「はかない命」という意味なのだ。

　カタクリは土の中の*鱗茎で冬を越し，早春にいち早く花を咲かせて，暖かくなるころにはすっかり散ってしまう。そして春の間，葉で光合成を行い，栄養分を鱗茎に蓄える。そして夏になるころには，葉を枯らして，翌年の春まで鱗茎で土の中で眠り続けるのである。つまり，一年の大半を土の中で過ごし，地上に出ている期間はわずか二ヵ月足らずに過ぎないのだ。

　カタクリに代表されるスプリング・エフェメラルが短い期間しか地上に出ていないのは，雑木林に生きる小さな草花に適したライフスタイルである。春の間は暖かな日差しが差し込む林の下も，夏になれば木々が葉を茂らせて日陰になってしまう。しかも大きな草が伸びてくれば，いっそう小さな草花が生き抜くことは難しくなる。そのためカタクリは，ほかの植物が活動しないわずかな早春の期間に花を咲かせ，光合成をして栄養分を蓄積するのである。

　しかし，光合成できる期間がわずか二ヵ月しかないのだから，花を咲かせるだけの栄養分を蓄えるのは容易ではない。そのためカタクリは，種子が芽を出してから花を咲かせるまでに，じつに八，九年もの歳月を必要とする。

（稲垣栄洋『残しておきたいふるさとの野草』地人書館）

　＊鱗茎：土の中にある茎の一つ

問1　カタクリが「スプリング・エフェメラル」と呼ばれる理由として，最も適当なもの
　　はどれですか。　　　　　　　　　　　　　　　　　　　　　　　　　　　15

1．冬の終わりから春の終わりまでの短い期間しか姿を見せないから

2．発芽してから花を咲かせるまでに八，九年もの期間が必要だから

3．夏の間は他の草木の日陰にしか生えることができないから

4．二か月間しか光合成をしないのに生き延びられる強さがあるから

問2　筆者は，「雑木林に生きる小さな草花に適したライフスタイル」について，どのよう
　　に説明していますか。　　　　　　　　　　　　　　　　　　　　　　　16

1．八，九年をかけて，少しでも大きな花を咲かせるための栄養を貯める。

2．夏になると木々の葉で隠れてしまうので，時期をずらして花を咲かせる。

3．花は春に散るが，葉は夏の間も生え続け，冬の間の栄養を集める。

4．雑木林の土は栄養が豊かなので，最低限の光合成をすればよい。

XIV　次の文章を読んで後の問いに答えなさい。

　私はヨーロッパに行き，ヨーロッパの人たちは日本人より自立的だから，親子の関係などは，日本よりはるかに（　Ａ　），などと勝手なことを考えていた。ところが，実際にスイスに行ってみると，親子が離れて暮らしている場合，電話で話し合ったり，贈物をしたり，あるいは，時に会食したりする機会が日本人より，はるかに多いことに気づいて不思議に思ったことがある。これをよく観察して思ったことは，彼らは自立しているからこそ，よくつき合っているのだ，ということであった。つまり，つき合いの機会を多くすることによって，自立を破壊されるというおそれを感じていないのである。

　これが，日本の場合であれば，うっかり親と話をすると，何か自分の自立をおびやかされそうに感じる。あるいは，自分は自立しているから，別に親と会ったり，話し合ったりする必要がない，と考える。このような傾向が強くなるのではなかろうか。しかし，それはよく考えてみると，自立ではなく孤立になっているように思われる。確かに，親子の関係がベタベタとしていて，自立ができていないな，と感じさせられる場合もある。このようなときは，依存を裏打ちとしての自立というより，依存のなかに両者ともに溺れこんでいる，という感じがする。

（河合隼雄『こころの処方箋』新潮社）

問1　（　A　）に入るものとして，最も適当なものはどれですか。　　　17

1．激しいのだろう
2．深いのだろう
3．近いのだろう
4．薄いのだろう

問2　筆者は，日本の親子関係における「自立」についてどう考えていますか。　　　18

1．自立した上で，親子が互いにいたわりあう関係ができている。
2．親も子も，自立する必要性を感じておらず依存し合っている。
3．ヨーロッパ人よりも自立傾向が顕著で，親子が会う機会が少ない。
4．自立を孤立と混同しており，親も子も真の自立ができていない。

ⅩⅤ　次の文章を読んで後の問いに答えなさい。

　動けない植物にとって移動できるチャンスは二度しかない。一つ目のチャンスは花粉，そして，二つ目のチャンスが種子である。植物は，この二度のチャンスを最大限に活かすために，昆虫に花粉を運んでもらったり，鳥に種子を運んでもらったりしているのである。

　しかし，このような共生関係が，最初から作られたわけではない。

　植物が花を咲かせ始めるようになった，まだ恐竜がいた白亜紀，昆虫が花にやってきたのは，花粉を運ぶためではなかった。昆虫たちは，花粉をエサにするために，花にやってきたのである。昆虫は，花粉を食べあさる植物の大敵だったのだ。しかし，昆虫が花から花へと飛び回り花粉を食べるうちに，偶然にも昆虫の体についた花粉が，他の花に運ばれて受粉をした。そして，植物は昆虫を利用するようになり，昆虫のために甘い蜜まで用意してあったのである。憎い敵であったはずの昆虫を巧みに仲間にしたのである。

　果実はどうだろうか。植物の果実も白亜紀に発達を遂げた。鳥たちも種子を運んでやろうという親切心で植物に近づいてきたわけではない。種子や種子を守る子房をエサにしようとやってきたのかも知れない。しかし植物は，その鳥をパートナーにして成功した。

　植物は「食べられること」を利用して成功してきたのである。

（稲垣栄洋『植物はなぜ動かないのか』筑摩書房）

問1　植物と昆虫との関係の変化として最も適当なものはどれですか。　　19

1．植物が一方的に昆虫を利用　→　双方にメリットのある関係を構築
2．昆虫が一方的に植物を利用　→　双方にメリットのある関係を構築
3．植物が一方的に昆虫を利用　→　昆虫が一方的に植物を利用
4．昆虫が一方的に植物を利用　→　植物が一方的に昆虫を利用

問2　この文章に題名を付ける場合，最も適当なものはどれですか。　　20

1．敵を味方につける
2．食物連鎖の底辺の存在
3．草原の植物の進化
4．栄養のない植物

XVI　次の文章を読んで後の問いに答えなさい。

　人間の赤ん坊は，生れ落ちてから当分は，ただその場にひっくり返って泣き，乳を飲み，眠るだけである。外側から見ればそれだけのことである。そしてそれだけのことにも，母親なり自分以外の人間の手助けや配慮を必要とする。しかも人間の赤ん坊は，母親の胎内で十カ月にもわたって成長を続け，外界に出る準備をしてきた，あるいはさせられてきたのである。万物の霊長と自負する人間のスタートがこれでいいのだろうか。

　<u>もちろん，これでいいのだ。</u>いや，これでなければならないのだ。これでなければ万物の霊長とはいえないのだ。人間の赤ん坊が，他の動物の赤ん坊に比べて，自立までに要する時間が相対的にいちじるしく長いのは，その間に他の動物にはない何ものかを自然に身につける必要があるからではなかろうか。「必要」ということばはこの場合にはあまり使いたくないのだが，そう，とりあえず「本能」と言い替えておこう。その，自然に身につける何ものかとは何かというと，僕は「ことば」だと思う。

　…(略)…

　人間の赤ん坊が生まれ落ちて，他の動物よりはるかに長い時間，一見何もできないのは，すなわち身体行動に移れず，その点で未熟なのは，何もできないというより何もしなくていい，実に贅沢な時間を保証された姿である。赤ん坊は一見なにもしない代わりに，周囲の環境で発せられるあらゆる音声を浴び，人間から人間にのみ伝わる言語を自然に鋭敏に習得してゆく。身体行動における未熟さは，それに集中するために，天あるいは神が人類に与えた一種のモラトリアム——執行猶予であった。そして，ことば，言語こそは，人間を人間たらしめた。

（赤瀬川隼『人は道草を食って生きる』主婦の友社）

問 1　筆者が，下線部「もちろん，これでいいのだ」と考える理由として適切なものはどれですか。　　　　　　　　　　　　　　　　　　　　　　　　　　21

1．周囲の人に甘えられるのはこの時期しかないから
2．ことばを習得するという点で必要な過程だから
3．人間には，親は子を助けるという本能があるから
4．身体的に自立しないことが生存に有利であるから

問 2　筆者の考えと合っているものはどれですか。　　　　　　　　　　22

1．身体の自立もことばの習得も，できるだけ早いことが望ましい。
2．身体行動に移るのが早かった子供は，ことばの習得が遅い傾向がある。
3．人間が他の動物より胎内にいる期間が長いのは身体が未熟なためである。
4．ことばは，人間と他の動物とを分ける一つの大きな要因だと言える。

XVII　次の文章を読んで後の問いに答えなさい。

　太陽のエネルギーが多いから高温であり，雨水が多くて多湿なのだから，高温多湿の日本は農業にとって最適の国と考えるのが（　Ａ　）であった。

　しかし，よくよく考えてみれば，高温多湿であるということは望みの作物だけでなく雑草もどんどん育ち，それにたかる害虫が多く発生し，細菌による疫病も蔓延しやすく，それらすべてと戦わない限り十分な収穫が得られないことを意味する。日本ではほとんど米を直播せず，雑草や害虫にやられない大きさになるまで苗代で育て，代掻きをして土を軟らかくし，かつ平らに整地した田んぼに移植（つまり田植え）をしている。苗代と田植えは稲が雑草・害虫に負けずに自立して育つための不可欠な作業といえる。それ以後秋の収穫まで，農薬を撒き，肥料を散布し，田の草取りをし，というふうに米の字の通り八十八もの手間をかけねばならないのは，さらなる雑草と害虫との闘いのためなのである。

　また，光合成に必要なのは太陽の光エネルギーであって熱エネルギーではない。つまり，高温であることが大事なのではなく，植物の育ち盛りに太陽光線が緑の葉っぱに当たることが必要なのである。ところが，多湿ということは雨が多く厚い雲に覆われる日が多いので日照率が低いことを意味する。特に六月という昼間の時間が最も長い夏至の季節なのに最も雨が多く降るのだから，光合成には実に不利な気候条件なのである。さらに，日本では収穫期直前の初秋に毎年のように台風や洪水に見舞われ，作物が倒れたり，腐ったり，流されたり，果実が落下したりと，さまざまな被害を受ける確率が高い。地震や津波が多いことも農業に不利である。

　…（中略）…

　農業に不利な国であることを自覚し，食糧の自給率をこれ以上下げないことが国の将来にとって大事であると考えるなら，農業への強力な支援が必要なのではないだろうか。

　　　　　　　　　　　　　（池内了『ねえ君、不思議だと思いませんか？』而立書房）

問1　（　A　）に入るものとして，最も適当なものはどれですか。　　23

1．常識
2．誤り
3．有利
4．必要

問2　日本が農業に不利な国である理由として，適切ではないものはどれですか。　24

1．収穫直前に，台風や洪水などの災害が多発するから
2．時間や手間のかかる農業方法を受け継いでいるから
3．日照時間が多い時期に雨が多く光合成に不利だから
4．高温多湿な気候で，虫や雑草が多く発生するから

問3　筆者が最も言いたいことはどれですか。　　25

1．日本は台風や地震，津波などの自然災害が多く発生する国である。
2．日本は本来は農業に不利な国だが，努力によって食料自給率を上げてきた。
3．日本で農業をするのは困難なので，将来的には輸入量を増やすべきだ。
4．日本は農業に不向きな環境なので，将来のために農業への支援が必要だ。

第6回の問題はこれで終わりです。
解答・解説はp.334を参照してください。

第**7**回

実戦問題
解答時間 70分

正解と得点分布図確認

QRコードを読み取っ
てオンライン解答用
紙に解答を記入し、正
解と得点分布を確認
してください。

記述問題
説明

記述問題は，二つのテーマのうち，どちらか一つを選んで，記述の解答用紙に書いてください。

解答用紙のテーマの番号を○で囲んでください。

文章は横書きで書いてください。

解答用紙の裏（何も印刷されていない面）には，何も書かないでください。

記述問題

　以下の二つのテーマのうち，どちらか一つを選んで 400〜500字程度で書いてください（句読点を含む）。

1.

　多くの学校では，校則を定めることによって，生徒の学業や生活の指導を行っています。一方で，あまりに厳しい校則は，生徒の自発性を損なうという意見もあります。

　両方の意見に触れながら，あなたの考えを述べなさい。

2.

　家庭の中で，子供に食事作りや掃除などの家事をさせたほうがよいという意見があります。一方で，子供にとって一番大切なことは勉強なので，家事はさせなくてよいという意見もあります。

　両方の意見に触れながら，あなたの考えを述べなさい。

読解問題
説明

読解問題は，問題冊子に書かれていることを読んで答えてください。

選択肢 1 ， 2 ， 3 ， 4 の中から答えを一つだけ選び，読解の解答欄にマークしてください。

Ⅰ　次の文章の内容と合っているものはどれですか。　　　　　　　1

　　なぜ，本人への「病名告知は必要」なのでしょうか。

　　どのようながんであるのかを告げ，およその症状を説明すると，ふつう，患者は一時的なショックを克服したのち，闘病の姿勢を整えます。

　　患者は自分の病気についての的確な情報を得ることもできますし，療養のうえで非常に大切な，周りの人間との信頼関係を保っていくこともできます。

　　これを本人に告げないでいますと，本人も何かと疑問を抱くようになりますし，病気が長引くにつれ周りの人間の心の重荷は日々積もり積もって，それは，初めのうちには考えも及ばなかったほどに大きくなって，疲れ果て，結局は本人と家族の信頼関係が壊れてしまうようなことにもなりがちです。

　　何よりも，治療法についての選択肢が年々拡がっている中で，本人が少しでも自分の価値観を大事にしていけるような選択を可能にするのは，とても大切なことです。

　　　　　　　　　　　　　　　　　　　　　　　　（中島みち『患者革命』岩波書店）

１．周りの人との信頼関係がなければ療養がうまくいくことは決してない。
２．信頼のおける医師が最適であると勧める治療法に従うのが一番である。
３．病名を知らずに過ごすと精神的ダメージで病状が急激に悪化することがある。
４．患者本人が納得できる方法で治療ができる環境づくりは極めて重要である。

Ⅱ　次の案内文の内容と合っているものはどれですか。　　　　　　　　　　2

20XX年度入学式のお知らせ

アジア平和大学　教務事務センター
20XX年3月15日（金）

　20XX年度入学式を下記の通り実施いたします。なお，本学総合体育館の収容人数の関係により，午前の部および午後の部の2部制となります。

日時：20XX年4月7日（日）

　　[午前の部]
　　10時開式（9時開場）11時終了予定
　　法学部，文学部，国際文化学部，大学院人文科学研究科

　　[午後の部]
　　14時開式（13時開場）15時終了予定
　　商学部，経済学部，理工学部，大学院自然科学研究科

　　※式終了後，学部・研究科ごとに説明会を行います（参加必須）。説明会の教室までご案内する関係上，原則として，在籍している学部・研究科の部にご出席ください。
　　（何らかの事情により該当の部の入学式に出席できない方は，他方の部に出席しても構いません。その際は，誘導係の指示に従ってください。ただし，学部・研究科ごとの説明会については，必ず在籍している学部・研究科の部に出席する必要があります。）

　※当日の式次第については，3月下旬，新入生の現住所宛てに発送いたします。引っ越しの関係で受け取ることができなかった方には，教務事務センターでお渡しいたします。

1．入学式は，学部生と大学院生とで2部に分けて実施される。

2．午前の部に参加できなかった学生は，午後の部に参加してもよい。

3．学部・研究科ごとの説明会は，出席しなくてもよい。

4．当日の式次第は，新入生全員が教務事務センターで受け取る。

III　下線部「解釈された一七八九年のフランス革命」とは，どのような意味ですか。　3

　私たちは過去がどのように形成されてきたのかを考察することによって現在をつかみ，未来をみつけだそうとする。しかしそれは，大きな錯覚のなかでおこなわれている営為なのではなかったか。

　過去とは現在から照射された過去である。

　もちろん私たちは，過去のある事実を知っている。たとえばフランス革命は一七八九年に起こった。その事実は誰も否定することはできない。ところが一七八九年にフランス革命が起きたという言葉を発したとき，私たちは単なる事実を述べているのではなく，すでにそれが近代革命であることを知っていて，近代革命のもつ意味を含意させてフランス革命を語っている。すなわちそれは，解釈された一七八九年のフランス革命なのである。

　　　　　　　　　　　（内山節『日本人はなぜキツネにだまされなくなったのか』講談社）

1．フランス革命は，専門家による分析が既に確立しているということ
2．フランス革命を，単なる客観的事実として認識しているということ
3．フランス革命が，世界中の多くの人々に知られているということ
4．フランス革命が，既に歴史の中で意味付けをされているということ

IV　次の文章で，筆者は，敬語についてどのように述べていますか。　　　4

　　ひとくちに敬語と言うが，敬語には三つの語群が含まれている。まず，尊敬語，相手を高めることばづかい。ついで，謙譲語。自分をひくめる言い方である。そして，ていねい語。これは，ものごとを，美しくする役目をもっていて，一般のことばにつけられる。酒といわないで，お酒というのはていねい語である。

　　尊敬語が敬語であるのはわかりやすいが，自分を低めることで相手を高めるのは日本語の敬語の大きな特色である。相手を立てる心が底流にある。

　　相手を立て，自己を低めていれば，争いになるべきところでも，コトなく通り抜けることができる。さらに言えば，相手の攻撃をかわす自衛の心理がはたらいていると見ることもできる。敬語はひとのためならず，であると言ってよい。

　　いずれにしても，敬語は，平和，友好のために大きな貢献をしている。何なら，外国へ輸出して，世界平和のために役立たせてよいくらいである。それを日本人自身で否定するようなことがあっては，おかしい。

（外山滋比古『国語は好きですか』大修館書店）

1．敬語を使って相手を立てる心を表現することは平和にもつながる。
2．自分を低める謙譲語を使うのは，自信のなさの表れでもある。
3．敬語は日本独特のものであり，外国に敬語というものはない。
4．日本語の敬語には，常に相手を高める言葉遣いだけが使われる。

V　次の文章の実験の結果から分かることはどれですか。　　　　5

「やっぱりね」「そうなると思ったよ」「だから言ったじゃない」──予感が的中したとき
によく使う表現です。…（略）…

　このように「予見が当たった」と感じるとき，実際には，どこまで正しく事前に予測で
きていたのでしょうか。…（略）…

　たとえば，こんな実験があります。

　*アガサ・クリスティが生涯に何冊の長編小説を書いたかご存じでしょうか。よほどコア
なファンでなければ答えは知らないでしょう。

　そこで「何冊だと思いますか」と尋ねてみます。ある調査結果では，平均で51冊という
推定値が返答されてきました。

　実際には，アガサ・クリスティは66冊の本を書いています。そこで，しばらく時が経っ
てから，同じ人に正解を伝えたうえで，「あの時，あなたは何冊だと推定しましたか？」と
訊いてみます。驚くなかれ，解答の平均値は63冊に増加するのです。

（池谷裕二『脳には妙なクセがある』扶桑社）

　＊アガサ・クリスティ：イギリスの推理小説家

1．人間の予見する能力は努力によって向上する。
2．人間は予見の多くが外れることを認識できない。
3．人間は事態を予見できていると勘違いすることがある。
4．人間の予見する力は対象に興味があるかどうかが影響する。

VI　次の文章で筆者は，理工系の専門家になりたい人は，まずはじめに何を学ぶべきだと
　　言っていますか。　　　　　　　　　　　　　　　　　　　　　　　　　　　　**6**

　皆さんの中には，理工系の専門家になりたい人もたくさんいらっしゃると思います。そのためには当然ながら，専門的な知識を学ぶ必要があります。それはもちろん，専門家になるためには必要なこと。けれどもそれ以前に，科学の専門家を目指すより先に，まずは普通の社会人として，ある種の健康な判断力というものをぜひ中学や高校で養ってほしい。自分は理工系の勉強だけやってればいいんだとは思わないでほしい。

　社会というものがどんな姿で成り立っているのか。専門家たちのやっていることが社会に対してどんな影響力を持つのか。社会の人たちは，専門家ではない人たちは，どんなふうに感じるのか。そういうことを読み取るだけの力，ごくごく基礎的な，常識に満ちた判断力というものを，理工系に進む人もやっぱり持ってほしい。まさしくそれこそが，科学にとって最も必要なことだから。

（村上陽一郎「科学の二つの顔」『科学は未来をひらく』筑摩書房）

1．科学の専門的な知識

2．健康な体を養う方法

3．専門以外の考え方や常識

4．科学的な判断力の磨き方

VII　次の文章は，カワガラスという鳥について述べたものです。筆者は，カワガラスが自分の名前を知ったら不快になると言っていますが，その一番大きな理由はどれですか。

7

　もしカワガラスが自分の名前を知ったら，気を悪くするだろう。「カワガラス」だなんて，人間はなんとも野蛮な名づけ方をするものだ。「もっとちゃんと観察してよ」と口をとがらせて言うかもしれない。あるいは，ヒトってやつは勝手なものだなァ——いつもの呟きをのこして，矢のように飛び去る。

　たしかに色は黒い。渓流にいるので水にぬれて，なおのこと黒々として見える。しかし，実のところ黒ではなく濃いチョコレート色であって，色つやが，もっと微妙だ。それよりも何よりも，生態がまるでちがう。

　カワガラスはカラスのように人間のあまりものを失敬しない。群れをなしたりもしない。いつも一羽，あるいは雌雄のつがい。澄んだ水が岩を嚙むあたりにいる。これは鳥であって，しかも泳ぐのだ。

（池内紀『森の紳士録』岩波書店）

1．実際はチョコレート色なのに，黒い鳥であるかのように名づけられたから
2．生態がまったく違うのに，見た目だけでカラスという名をつけられたから
3．川の近くに住んでいるわけではないのに，川という名をつけられたから
4．カラスと同じ種類なのに，川にいるだけでカワガラスと名づけられたから

VIII　下線部「日本人は，他動詞より自動詞を好む」とありますが，それはなぜですか。

8

　　最近「立ち上げる」という言葉をよく耳にする。…（略）…

　　もともと「立ち上がる」という自動詞の言葉はあった。しかし他動詞としての用法はなく，他動詞として使いたいときは「立ち上がらせる」と言った。…（略）…

　　元来日本人は，他動詞より自動詞を好むクセがあった。例えば亭主が家に帰って，奥さんがお風呂の支度を終えると，「お湯が沸きました」と言う。しかし，自然にお風呂の水がお湯になるわけはない。昔のことだったら，まず水を汲んで風呂桶に満たし，たきつけに火をつけ，薪をくべて，湯加減を見るなど大変な思いをしたはずである。

　　…（略）…亭主はふんぞり返って「うん」と言っていればいい。奥さんは自分のやったことをいちいち大げさに言い立てない。相手に恩着せがましい言い方は避ける。なるべくさりげなく言うのがよしとされたのである。

　　これは別に夫婦の関係が封建的な主従関係だったからというわけではなく，誰に対してもそうした言い方をするのを好んだ。逆に，いちいちあれもやった，これもやったと言い立てる人は，野暮だと言われ，みんなから敬遠されたものである。

（金田一春彦『日本語を反省してみませんか』角川書店）

　1．日本語には，他動詞がない言葉が多くあるから

　2．日本語には，言いやすい言葉を好む傾向があるから

　3．日本人は，自慢しない謙虚な言い方を選ぶから

　4．日本人は，封建的な主従関係の中で生きているから

IX　次の文章で筆者は，学力低下が起こった原因は何だと考えていますか。　　　9

　一八歳人口が減少しているのですから，その中の優秀な人間の数も減っています。そして，一八歳人口が少ないために，大学は学生を「青田買い」せざるをえません。多くの学生に入ってもらうために，厳しい一般入試ではなく，推薦入試やAO入試を実施して合格者を確保します。教育の質自体が低下したために学力低下が起こったというよりも，人口が減ったために起きたと考えた方がしっくりくるような気がします。

　どうすれば学力が向上するのか。それは「競技人口」を増やすことです。日本のサッカーのレベルが上がったのは，昔は野球ばかりしていた子どもたちがサッカー人気に後押しされてサッカーを始め，切磋琢磨をするようになって海外でも活躍できるようになったからです。競技人口の少なさは，レベルの低下を引き起こしてしまうのです。

（齋藤孝『文系のための理系読書術』集英社インターナショナル）

1．大学で行われている教育の質が以前よりも低下したから
2．大学に入学するための，入学試験が易化したから
3．優秀な人が日本から海外に多く流出しているから
4．少子化により日本国内の一八歳人口が減少したから

X　次の文章の内容に合っているものはどれですか。　　　　　　　| 10 |

　＊『古事記』や『日本書紀』が書かれた古代の日本人は，虹は蛇に通じて不吉なものと感じ，なにか異変の前兆と恐れたが，現代人は「七色の虹」などと言って，その美しさを愛でる。…（略）…いっぽう，古代ヨーロッパでは，虹が立ったらその根本を掘れ。そうすれば宝物が出てくると喜んだそうだが，同じ対象に対しても，洋の東西・古今の時代差で，まったくその見る視点が異なってくる。このような民族ごとの文化的視点の相違もあれば，もっとミクロな，個々人ごとの視点の違い，その折々の状況や心理的差異に左右される視点の〝ゆれ〟も，もちろんあるだろう。籠に盛られた果物を見て，食いしん坊は「うまそうだ」と感じ，商売人は「値段はいくらぐらいするか」と考え，絵描きさんは「静物画の素材としていいな」と見て取る。味か，値段か，外見か，その見るところは人さまざまで，対象や事象に向けられる表現者の視点を正しく推し測るのは容易ではない。

（森田良行『日本人の発想、日本語の表現』中央公論社）

　＊『古事記』や『日本書紀』：日本の古い書物

１．日本での虹の意味は，古代から現代にいたるまで同じである。

２．表現者の視点を推し量ることは，視点の多様性を損なう。

３．物に対する感性は，文化だけでなく個人にも依存している。

４．個人の視点の〝ゆれ〟は，文化的視点の違いよりも影響が大きい。

このページには問題はありません。
次のページに進んでください。

XI　次の文章を読んで後の問いに答えなさい。

　「（　Ａ　）」ということばがある。もちろん「時間はお金と同じように大切なもの」という意味だが，最近のビジネスの場などではもっとストレートに「時間もタダではない」というニュアンスで使われることもある。そして，後者の「（　Ａ　）」は欧米式の発想なので，日本人にはなかなかなじみにくい，とも言われる。

　診察室でカウンセリングをして「今日はお薬はいらないでしょう」と告げた中年の患者さんが，会計窓口のところで怒っている場面に遭遇したことがある。どうしたのかと近づくと，「先生！今日は話だけで何もしてもらってないのに，治療代を要求するなんてひどいじゃないですか！」。おそらくこの人はその金額に腹を立てたのではなく，時間や会話といった目に見えないものにまで料金を要求されたことが非人情に思えて怒りの声をあげたのだろう。

　患者さんとしては，できれば医者の治療はビジネスではなく善意にもとづいた行為だと思いたいのに，お金を要求されると「やはりそうではなかった」と思い知らされることになる。お金が介在することでその行為の純粋さ，真実味にキズがついてしまう，という考えが日本人の中にはあるようだ。中には心のどこかでまだ，「お金は汚いもの」と思っている大人もいるかもしれない。

（香山リカ『若者の法則』岩波書店）

問1　（　Ａ　）に入ることわざとして，最も適当なものを選びなさい。　　　11

　1．金がものを言う

　2．時は金なり

　3．金の光は七光り

　4．先立つものは金

問2　中年の患者が怒った理由として，最も適当なものはどれですか。　　　12

　1．せっかく病院に来たのに何もしてもらえなかったから

　2．医者が無理やり欧米式の発想を押しつけてきたから

　3．治療代が治療内容に対してあまりにも高かったから

　4．会話しかしていないのに料金を要求されたから

XII　次の文章を読んで後の問いに答えなさい。

　昨年，私に脳梗塞の初期的症状が見つかり，今後の発病の確率を減らすために血管のバイパス手術を勧められた。この手術をしないと脳梗塞が再発する確率は20％で，手術をするとその確率は7分の1に減らせると医者から言われた。しかし，この手術が失敗する確率もあって，それも3％とされている。さて，私は手術を受けるべきなのか，止めた方がいいのだろうか。

　ここで言われた確率は，これまでの多数の病例から求められたものだから，科学的には正しい。しかし，私にとっては手術が100％成功して脳梗塞になるのを防げなければ意味がないから，確率で言われても困ってしまう。現実に自分に起こるのは（　Ａ　）か（　Ｂ　）かのどちらかであり，どのように決断すべきか迷うだけであるからだ。地震も同じで，いつ，どこで，どのくらいの規模で起こるかを明確に予知することができず，確率で言われるのが普通である。しかし，私たちが現実に欲しいのは100％こうなるという地震情報であり，「Ｘ年以内にＹ％の確率」でしか言えない地震予測では頼りにならないのである。

　このような場合には確率の大きさを勘案しつつ，問題に応じて今後の人生設計を家族との話し合いで決めたり，予防や防災・減災のための準備と心構えをしっかりしたり，というふうにいざという場合に備えて対応するしかない。いくら正確に確率で語られても，実際の選択は別の事柄から決めることになるのである。

　　　　　　　　　　　　　　　　　　（池内了『ねえ君，不思議だと思いませんか？』而立書房）

問1　（　A　），（　B　）に入るものの組み合わせとして，最も適当なものはどれですか。

13

1．A：0 %　　　B：100%

2．A：20%　　　B：50%

3．A：3 %　　　B：100%

4．A：20%　　　B：3 %

問2　筆者が最も言いたいことはどれですか。

14

1．正確な確率があれば，それを基準にして判断をしてよい。

2．確率よりも，自分の感覚を優先させたほうがよい。

3．確率による予測は頼りにならないので考慮する必要はない。

4．正確な確率があっても，それだけで判断することはできない。

XIII　次の文章を読んで後の問いに答えなさい。

　　外来タンポポは日本のタンポポに比べて，小さな種子をたくさん生産する。小さな種子
は軽いので遠くまで飛ぶことができるし，種子が多いことは繁殖力という点ではきわめて
有利である。

　　それだけではない。外来タンポポは，ほかの個体と花粉を交雑しなくても，クローンの
種子を作るという特殊な能力を持っている。そのため，たった一株あれば，仲間がいなく
ても種子を生産することができる。これは，新天地に勢力を拡大していくうえで，きわめ
て有利な性質である。

　　こうした優れた繁殖特性によって，外来タンポポは分布を拡大しているのである。

　　それでは，外来タンポポと日本タンポポでは，外来タンポポのほうがすべてにおいて強
いかというと，必ずしもそうでもない。意外なことに日本タンポポが生えている場所に，外
来タンポポはなかなか侵入することができないのである。

　　確かに，外来タンポポのように種子の数が多いほうが，一見すると優れているように見
える。しかし，種子が小さいと芽生えのサイズも小さくなるから，ほかの植物との競争に
は不利である。ほかの植物に負けずに芽生えが成功するには，種子もある程度の大きさが
必要なのだ。そのため日本のタンポポは，外来タンポポに比べると種子の数が少なくなっ
ても，大きめの種子を作る戦略を選んでいるのである。

　　　　　　　　　　　　　　　　　　　　（稲垣栄洋『残しておきたいふるさとの野草』地人書館）

問1　下線部「こうした優れた繁殖特性」の一つとして正しいものはどれですか。　15

1．種子が大きく数が多いこと
2．全国に分布していること
3．単独で種子を作れること
4．種子を近くに落とすこと

問2　この文章の内容と合っているものはどれですか。　16

1．外来タンポポが生えているところに，日本タンポポは生えることができない。
2．日本タンポポは種子の数も大きさも外来タンポポに勝っている。
3．外来タンポポは他の個体がなければ種子を作ることができない。
4．日本タンポポは外来タンポポと比べて他の植物との競争には強い。

XIV　次の文章を読んで後の問いに答えなさい。

　1986年1月，スペースシャトル・チャレンジャー号は打ち上げから73秒後に爆発して大惨事となった。原因は打ち上げ当日の気温が低かったために，シャトル本体についている*Oリングが硬化していたことにあるとされる。

　しかし，さらに調査していくうち，NASAやOリングの製造メーカーは低温時に弾性を失うリングの問題を前々から把握していたことが判明した。さらに，メーカーが打ち上げ中止を進言したにもかかわらず受け入れられなかったことなどもわかった。技術的な問題だけではなく，集団的浅慮に陥ったゆえの人災である可能性も指摘されたのである…（略）…。

　集団的浅慮を避ける対策としてあげられているものの1つに，悪魔の擁護者と呼ばれるものがある。集団の合意が得られた時点で，メンバーの中から選ばれた人が，間違っていることをわかった上であえて反対意見を述べるのだ。そうすることで，他のメンバーも遠慮することなく意見を言えるようになり，集団の意見を多角的に批判，再検討する機会が生まれるのである。

（山岸俊男・監修『徹底図解　社会心理学』新星出版社）

　＊Oリング：航空機や宇宙船の燃料や船内の空気を密閉するための部品

問1　下線部「悪魔の擁護者」はどのような人ですか。　　　　　　　 17

1．多数派の意見に対してわざと反対を述べる人

2．集団での意思決定の内容を最終的に許可する人

3．決定までに時間がかかるように調整する人

4．他人に自分の反対意見を言わせようとする人

問2　筆者は，「集団的浅慮」を避けるためには何が必要だと考えていますか。　 18

1．技術的な面だけでなく，集団の合意を尊重した決定

2．経済的な利益と，科学の進歩の双方からの視点

3．集団の様々な意見を統一するリーダーシップ

4．意見を出しやすい雰囲気と，様々な視点からの検討

XV　次の文章を読んで後の問いに答えなさい。

　記憶というと，多くの人は過去の経験や知識を記録する心の機能を思い浮かべる。それは，半分正しいけれども，半分間違っている。確かに記憶には，過去に経験した出来事や仕入れた知識の記録といった側面がある。だが，ここで強調しなければならないのは，記憶は過去の忠実な再現ではないということだ。

　写真に撮った景色や人の表情は，当時のままに記録される。その写真が保存されているかぎり，永遠にオリジナルのままの記録が残される。ビデオも同様である。わが子がヨチヨチ歩きをしていたころのビデオを再生すると，いまは成人している息子が風船のついたヒモをもって部屋中を歩き回り，かん高い声で無邪気にはしゃいでいる映像が流れる。

　5年前にアルバムを開いたときは笑っていた幼児期の自分が，今回ひさしぶりにアルバムを開いたら仏頂面をしていた。以前ビデオを見たときにはスカート姿ではしゃいでいた子ども時代の娘が，今回ふたたび同じビデオを見てみるとズボン姿ではしゃいでいる。そんなことが起こったら，これは大事件である。SFの世界でしかありえないことだ。

　だが，記憶の世界では，このようなことはしばしば起こる。特にめずらしいことではない。なぜなら記憶というのは，写真やビデオのような客観的な記録でなく，主観的な印象を通した記録だからだ。印象が変われば，その記録内容も変わる。そこに記憶の変容が生じる。

（榎本博明『記憶力を高める科学』SBクリエイティブ）

問1　下線部「このようなこと」とは，どのようなことですか。　　　　　　19

1．永久に変化のない過去が記録されること

2．声や音までもが記憶の中に記録されること

3．記憶内容が以前と現在で変わっていること

4．当時の記憶が記録されないことがあること

問2　筆者が，記憶は過去の忠実な再現ではないという理由は何ですか。　　20

1．記憶とは主観を通して記録されるものだから

2．記憶の書き換えとはSFの世界でしか起こらないから

3．過去は記憶の中にしか残らず，真実は不明だから

4．記憶とは時間が経つほどに改変されるものだから

XVI　次の文章を読んで後の問いに答えなさい。

　ヨモギは独特の香りを持っている。乾燥地帯に生える植物は，抗菌物質などの化学物質を発達させているものが少なくない。乾燥地帯を原産地にもつヨモギも，害虫や雑菌から身を守るために，苦労に苦労を重ねてさまざまな香りの高い＊精油成分を身につけた。ヨモギに強い香りがするのはこのためである。そして，これらの香りの高い精油成分はさまざまな薬効があるので，ヨモギは古くから薬草として用いられてきた。

　それだけではない。ヨモギの原産地である乾燥地帯は，花粉を運んでくれる昆虫が少なかったのだろう。ヨモギは昆虫に花粉を運ばせる虫媒花であることをやめて，ふたたび風で花粉を運ぶ風媒花への道を歩んだ。

　植物は風媒花から，虫媒花へと進化したといわれている。なかでもタンポポやヒマワリなどのキク科の植物は，虫媒花のなかでももっとも進化したグループである。ヨモギはそのキク科の植物なのに，逆行して虫媒花から，ふたたび風媒花に転換したのである。虫媒花は，昆虫を呼び寄せるために，美しい花びらで花を目立たせ，甘い蜜の香りをただよわせるが，風媒花のヨモギは花びらもなく，地味で目立たない。花から花へと効率よく花粉を運んでくれる昆虫に期待できないので，その代わり風にまかせて大量の花粉を飛ばさなければならない。そのためヨモギは花粉症の原因になる植物として嫌われている。

（稲垣栄洋『残しておきたいふるさとの野草』地人書館）

＊精油成分：植物が作り出す油

問1　ヨモギに強い香りがするのはなぜですか。　　　　　　　　　　　　21

1．ヨモギは昔から薬草として使われてきたから
2．昆虫を呼び寄せる必要があるから
3．身を守るための物質を生成しているから
4．外見が地味で目立たない植物だから

問2　ヨモギが虫媒花から風媒花に変化したのはなぜですか。　　　　　22

1．ヨモギの原産地は昆虫が少ないから
2．ヨモギはタンポポやヒマワリと同じキク科だから
3．ヨモギは美しい花びらをもたないから
4．ヨモギは大量の花粉を飛ばすから

XVII　次の文章を読んで後の問いに答えなさい。

　就活に真剣に取り組む若者にも，自分探しの迷宮にはまっている人が多い。自己分析を徹底してやれば，ほんとうの自分が見えてくると思っている。…（略）…

　自分が何を求めているのか。自分はどんな仕事がしたいのか，どんな仕事に向いているのか。自分にはどんな生き方がふさわしいのか。じっくり自己分析をすれば，それがわかるとでもいうのだろうか。けっしてそんなことはないはずだ。

　…（略）…

　そもそも自己分析の素材は，これまでの自分自身の行動のサンプルだ。適性検査を思い出してみよう。「あなたは……ですか」といった質問が並んでおり，その都度「自分はどうだったかな」とこれまでの自分を振り返りながら答えていく。自分自身の行動のサンプルと照らし合わせながら答えた結果が自己分析の素材になっているのだ。

　それなら，より有効な自己分析をするために，行動のサンプルをできるだけ増やす必要がある。やってみることで発見する自己という視点をもってみよう。

　先にも指摘したように，やってみたら意外と面白いと思うことがある。苦手だと思っていたけど，やってみたら「案外自分は向いているかもしれない」と思うこともある。…（略）…

　このように，行動することで，思いがけない気づきが得られることがある。それまで気づかなかった自分の一面を発見することがある。何でもそうだが，やってみて初めてわかることがある。逆に言えば，いろいろやってみないことには，自分というのはわからないことだらけなのだ。

「どこかにほんとうの自分があるはず」というのは間違いだ。自分というのは，「今，ここ」にいる自分しかない。自分探しの物語に安住している限り，今の自分は変わらないのだから，永遠に納得のいく生活なんて手に入らない。今ここで新たな一歩を踏み出さないかぎり，自分の生活に変化の風を巻き起こすことはできない。

（榎本博明『〈自分らしさ〉って何だろう？』筑摩書房）

問1　下線部「自分探しの迷宮にはまっている」とはどういう意味ですか。　　23

1．自分探しという客観的に自分を見つめる作業を行うということ
2．自分探しという結果の期待できないことを行っているということ
3．自分探しという難しい問題に取り組んでいるということ
4．自分探しというやりがいのある仕事に集中しているということ

問2　筆者は，より有効な自己分析をするためにはどうすればよいと言っていますか。

24

1．実際にいろいろ行動する。
2．物事について深く思考する。
3．自分に向いていることに挑戦する。
4．周囲の人の行動をよく見る。

問3　文章の内容と合っているものはどれですか。　　25

1．多くの人が自分に対して不満を抱いている。
2．自分というものは行動することによってわかってくる。
3．本当の自分を探すことで納得のいく生活が得られる。
4．適性検査による自己分析は外れていることが多い。

第 7 回の問題はこれで終わりです。
解答・解説はp.338を参照してください。

第**8**回

実戦問題

解答時間 **70**分

正解と得点分布図確認

QRコードを読み取っ
てオンライン解答用
紙に解答を記入し、正
解と得点分布を確認
してください。

記述問題
説明

　　記述問題は，二つのテーマのうち，<u>どちらか一つ</u>を選んで，記述の解答用紙に書いてください。

　　解答用紙の<u>テーマの番号</u>を○で囲んでください。

　　文章は横書きで書いてください。

　　解答用紙の裏（何も印刷されていない面）には，何も書かないでください。

記述問題

　以下の二つのテーマのうち，どちらか一つを選んで 400〜500字程度で書いてください（句読点を含む）。

1.
　都市での生活は，快適で便利です。しかし，自然の豊かな農村での生活には，都市生活にはない良い点があるという意見もあります。
　将来，都市での生活と，農村での生活を選べるとしたら，どちらを選びたいですか。それぞれの良い点を挙げつつ，あなたの考えを述べなさい。

2.
　近年，いろいろな働き方が広がって，在宅での勤務が可能になってきています。しかし，通勤して会社の中で働くことには，在宅での勤務にはない良い点があるという意見もあります。
　将来，在宅勤務と，通勤して会社の中で働くことを選べるとしたら，どちらを選びたいですか。それぞれの良い点を挙げつつ，あなたの考えを述べなさい。

読解問題

説明

読解問題は，問題冊子に書かれていることを読んで答えてください。

選択肢 1，2，3，4 の中から答えを一つだけ選び，読解の解答欄にマークしてください。

Ⅰ　次の文章の内容と合っているものはどれですか。　　　　　　　　　　1

　鳥を受粉に使っている植物の花は，大きく，しっかりしていて，鮮やかな色で，昆虫よりも大きな胃袋を満たさねばならないので大量の蜜を出し，臭いがない。

　哺乳類で受粉の仕事を請け負っているのは，コウモリの仲間が有名だ。コウモリが受粉者であるような花は，彼らが夜行性であるため，夜だけ大きな花を咲かせ，クリーム色系統のものが多く，大量の蜜を出す。

　花の構造は，受粉者が蜜の報酬を得るためには，必ずからだが花粉だらけになるようにできている。もしもミツバチが，蜜集めを終わって飛び立つ前に，きれいに自分のからだを掃除して，からだについた花粉をすっかり落としてからつぎの花に移るようなことをすると，花としてはまったく損をしたことになる。しかし，ミツバチは，花粉がついても気にしないので，確実に受粉の仕事をしてくれている。

（長谷川眞理子『科学の目　科学のこころ』岩波書店）

１．鳥を受粉に使う植物は，昆虫を受粉に使う植物よりも蜜の量が多い。
２．哺乳類で受粉の仲立ちを行うのはコウモリの仲間だけである。
３．ミツバチは体に花粉がつくことを嫌がるので，花粉を落とす動きをする。
４．鳥を受粉に使う植物は，大きく香りの強い花を咲かせる。

Ⅱ　次の文章は，あるイベントの応募についてのお知らせです。このお知らせの内容として，正しいものはどれですか。 2

3都市旅行業企画発表会

　日本の観光主要3都市（東京，大阪，京都）にて，各地の名物等を活かした企画についての発表を行います。優秀なプロジェクト等については，各賞が与えられます。また，応募した企画が審査員を務める企業に採用された場合は，実際にその企画が実行されます。

＜応募方法＞　3都市旅行業企画発表会のホームページから応募して下さい。

＜応募条件＞　本学学生，または本学学生を含むグループの企画であること。
　　　　　　　各地いずれかの発表に参加できること。

＜応募日程＞

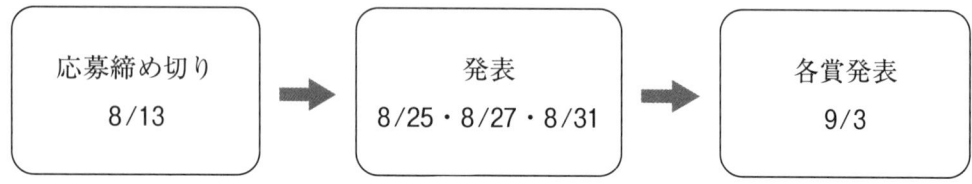

発表を行う都市	日程
東京	8 /25
京都	8 /27
大阪	8 /31

みどり大学　観光学部

1．グループで応募する場合，全員がみどり大学の学生である必要がある。

2．全ての都市で発表を行った場合，優秀なプロジェクトに選ばれる。

3．応募した企画が企業で採用された場合，その企画に参加する必要がある。

4．3都市のうち一か所の発表会に参加できれば，応募することができる。

Ⅲ　下線部「自己実現は実はものすごく危険な罠です」とありますが，それはなぜですか。

3

　自分の内的欲求を表現したいという思いは，たしかに重要なモチベーションです。しかし，自己実現を考えるだけだと自分本位の視点にしか立てず，*単線思考に陥ってしまいます。

　他者の潜在的な願望や要望を嗅ぎ取って，それを実現させてあげること。これが「他者実現」です。最終的にそれが自分にとっての自己実現でもあったことに気づくのが理想の形なのではないでしょうか。

　<u>自己実現は実はものすごく危険な罠です</u>。自分のやりたいことができるようになるポジションにつくと，そのぶん市場の要求とは離れていってしまうことがあるからです。たとえば，**ギャグ漫画を描いてきた人気漫画家が，読者の***ウケを狙って描くことが苦しくなって自分の描きたいものを追求した。すると今度はつまらなくなって読者が離れてしまうというケースもあるのです。

（齋藤孝『いつも余裕で結果を出す人の複線思考術』講談社）

＊単線思考：物事を深く考えないこと。筆者による造語

＊＊ギャグ：笑いを誘うもの

＊＊＊ウケ：笑い

1．追い求めたとしても実現できるようなものではないため

2．他者の協力なしに，独力でやっても限界があるため

3．他者の要求とは異なっている可能性があるため

4．自己の視点のみでは本当の独自性は発揮できないため

Ⅳ　次の文章の内容と合っているものはどれですか。　　　　　　　　4

　仕事を先にのばせば，いくらでものびる。そしてのびた仕事ほど，やりにくくなる。あがりもおもしろくない。兵は拙速をたっとぶ。どうせ上々の首尾などということは叶えられないことだとあきらめる。

　今日できることがあったら，してしまえ。明日までのばすな。忙しい人は，すぐ手をつける。ひまな人は明日に期待をかける。明日には明日の仕事がわいてくる。きのうの仕事と今日の仕事が重なってはとてもできるものではない。もう一日のばそう。ところが，その日になってみるとその日の新しい仕事が待っている。こうして高利貸から借りた借金のように仕事が累積して，どこからどう手をつけたらよいかわからなくなる。

　今日できる仕事を明日にのばすな。これはそういうにがい思いを何度もした多忙な人間がようやくたどりつく心境である。そういう気持になったとたんに多忙の人は忙中おのずから閑あり，と達観することができるようになる。

（外山滋比古「のばせばのびる、か」『〆切本』左右社）

1．仕事はすぐに始めても先送りしても質は変わらない。
2．兵隊のように素早い行動は普段の仕事には必要ない。
3．忙しい人は仕事を先延ばしにしがちなので気をつけたほうがよい。
4．仕事を先送りして失敗したことで得られる教訓もある。

Ⅴ　筆者は，「木簡」についてどのように述べていますか。　　　　　5

　　過去を知るために歴史学では史料を調べます。代表的な史料としては，木簡というものがあります。木簡とは，墨で字を書いて使われた細長い木の板のことで，日本では1960年代まで注目されていませんでした。しかしこの時期に木簡が大量に発見されたことがきっかけとなり，今では木簡を抜きにしての古代史研究は考えられないほど重要な史料になりました。

　　木簡以外には，例えば，古い時代の書物のように，紙の史料があります。代表的な紙の史料は「編纂物」と呼ばれますが，書かれている内容が事実かどうかは不明です。というのも，編纂物というのは，後の時代の人が書き記したものであるため，編纂した人の知識や考え方によって，内容が事実とは違うことがあるからです。よって，信頼できる史料と言えるかどうかは，慎重に検討しなければなりません。

　　これに対して木簡は，記録メモや連絡カードとして当時の人々が手軽に用いたものですから，その信頼性は編纂物である紙の史料よりはるかに高くなります。

　１．紙の史料は1960年代に大量に発見され，史料として注目された。
　２．木簡に書かれた内容は事実が多く，史料としての価値が高い。
　３．木簡に書かれた内容は，編纂されている場合が多い。
　４．紙の編纂物よりも木簡のほうが史料としての信頼性が低い。

Ⅵ　次の文章で，自己とは他者であるとはどういうことだと言っていますか。　　　6

　　自己とは他者である。

　　この言葉から，どんなことをイメージするだろうか。

　　…（略）…

　　周囲の大人から「いつも笑顔で明るい子ね」と言われたり，学校の先生から「君は頑張りやだな」と言われたり，友だちから「お前は何があってもへこたれないな。その前向きな思考が羨ましいよ」と言われたりする経験が積み重ねられることで，「自分は何があっても前向きで，笑顔で頑張っていけるタイプの人間だ」といった自己イメージがつくられる。

　　…（略）…

　　こうしてみると，僕たちの自己イメージは，いろいろな他者がこちらに抱くイメージによってつくられていることがわかる。人から言われた言葉や人から示された態度をもとに自己イメージがつくられている。

　　つまり，僕たちが自分に対してもつイメージは，もともとは他者がこちらに対して抱いていたイメージなのだ。そのような意味で，自己は他者であるということになるわけだ。

　　　　　　　　　　　　　（榎本博明『〈自分らしさ〉って何だろう？』筑摩書房）

　１．自分という存在は自分ではわからないものだということ
　２．自己は他人と競い合う中で作りあげられるということ
　３．他人が抱く印象を参考に自己を作りあげているということ
　４．自分のことは身近な人が良く分かっているということ

VII　下線部「そういう心得のない人」とはどういう人ですか。　　　　　7

　同じことばでも，話すのと書くのとでは，大きな違いがある。もちろん，発生的には話すことばが先であるから，文章を書くのにはとくべつな訓練を要する。何も考えない人が，話すように書けとか，思ったことを思ったように書けなどと無責任なことを言うが，そんなことがにわかにできるわけがない。

　書くのは暗号を並べるようなものと言ってもよい。でたらめに並べたら，もちろんなんのことかわからない。ルールがあって，それに合わせて記号を並べる。その配列は，明白な形でなくては，解読できなくなる。…（略）…ことばを書くのは，暗号ほどきびしい約束があるわけではないが，しっかりした筋道がないと，読んでわからないことになるのである。やはり鮮明で，しかも，曲がったりしないでなるべく直線であるのが望ましい。

　そういう心得のない人が，文章を書くと，音はすれども姿は見えない闇夜のコウモリのようになる。

　　　　　　　　　　　　　　　　　　　　　　　（外山滋比古『聴覚思考』中央公論新社）

1．話すことばをそのまま書けない人
2．文字を美しく書けない人
3．文章を論理的に書けない人
4．気持ちをくみ取る力がない人

VIII　筆者は，「どこかおかしいと感じている」人はどうすればよいと言っていますか。

8

　　妬みから人の悪口をいう人は，それをいいながら，心の底では，その悪口がどこかおかしいと感じている。

　　そして，どこかおかしいと感じるからこそ，その感情を抑圧しようとして，さらに激しく悪口をいうのである。誇張された悪口やくどい悪口は，何かを抑圧している人間のやることである。

　　たとえば，自分に失望している人間が，その感情を意志で抑圧している場合など，他人をクドクドと非難しがちである。

　　心の奥底では自分に失望しながら，表面は偉そうにしている人間の話すことには，トゲがある。

　　このようにして，認めざるを得ない現実を否認しつづけていれば，不必要な力が体に入ってしまう。

　　事実を認めることで，ほっとして力が抜けてリラックスできるのである。

　　…（略）…

　　どうしてもリラックスできないという人は，自分はいったい何を自分に否認しつづけているのかを反省してみることである。

（加藤諦三『自分を嫌うな』三笠書房）

１．自分が相手を抑圧していることを認めればよい。

２．自分が無意識に持っている妬みの感情を直視すればよい。

３．自分の感情をコントロールするための練習をすればよい。

４．自分にとって認めたくない事実を受け入れればよい。

IX　次の文章で，筆者は学校で教室という空間が果たす役割は何だと言っていますか。

9

　　発明された教室というのは，大変便利な空間でした。…（略）…

　教室の前から後ろを見ると，よく見わたせる。そういう場所に先生が立っています。見ているということは，そこから，生徒を注意したり，「こうしなさい」「ああしなさい」と命令ができます。先生が「前を向きなさい」というとき，たんに姿勢を正すことだけを求めているのではなくて，「先生の話を聞きなさい」ということや，「ここは(授業の)重要なポイントだよ」ということを言外に示していることがあります。前を向けというのは，集中しなさいということでもあるのです。こうやって，前にいる人が，後ろにすわっているおおぜいの人をコントロールしている。教室の向きが決まった空間の中で行われる，人と人との関係（つまり先生と生徒とのやりとり）は，このように〈見る―見られる〉という形になっています。そして，その関係の特徴は，コントロールをする側とされる側の関係ということにあるのです。

　教室という空間の発明は，こうやって，少数（あるいは一人）の人が，おおぜいの人をコントロールしながら，知識を伝えることを簡単にしました。

　　　　　　　　　　　　　　　　　（苅谷剛彦『学校って何だろう』筑摩書房）

1．多数の生徒の学習の進み具合を，一斉に確認できること

2．狭い空間を作ることで，自然に生徒の集中力を高めること

3．人のつながりを密接にすることで，信頼関係をつくること

4．生徒を制御しやすくすることで，効率よく教育すること

X　次の文章で，筆者の考えと合っているものはどれですか。　　　　　　　　　10

　60歳から85歳までの人に10週間の有酸素運動のエクササイズを受けてもらったところ，受けていない人に比べて，視聴覚認知テストの成績が上昇しました。…（略）…成績が向上したということは，集中力が高まったと解釈してよいでしょう。集中力は鍛(きた)えられるというわけです。

　ちなみに私は，「歳(とし)をとって集中力が散漫になるのは，体力衰弱のせいである」と考えています。たとえば，歳をとると長時間の読書ができなくなる人がいます。多くの方はこれを「脳の老化」と考えているようです。脳が疲れやすくなるから，集中力が持続しないのだと。

　しかし，日頃から脳機能を専門に観察している私には，脳自体はそれほど老化しないように見えます。先に衰(おとろ)えるのは，むしろ「体」ではないでしょうか。読書を長時間するためには，同じ姿勢を長く維持しなければなりません。これがどれほど持久力や筋力を浪費するかを考えてみてください。

（池谷裕二『脳には妙なクセがある』扶桑社）

1．歳をとることで低下した集中力は再び高まることはない。
2．集中力が低下する主な原因は脳の老化にある。
3．低下した集中力を高めるために運動は有効である。
4．歳をとることで集中力は高まることがある。

このページには問題はありません。
次のページに進んでください。

XI　次の文章を読んで後の問いに答えなさい。

　剣道に，「間合いを見切る」という言葉があります。

　相手と自分の太刀筋や技量から見て，両者の立っている間隔(間合い)が，勝負を仕掛けていい距離であるかどうか，それを瞬時に判断し，決断することが勝敗を大きく左右するというのです。

　この「間合い」に入らないかぎり，いかに名人であろうとも相手に自分の剣が届かないのですから，相手を打つことはできません。だから，剣道の修業では，この「見切り」を相手よりいかに早く的確につけるかの感覚を，必死に磨くといいます。

「見切り発車」などというと，いい加減な準備で急いでものごとを始めてしまうような，あまりいい意味では使われないような感じがしますが，じつは何かを「見切る」ということは，何かをやめるというより，新しい行動を積極的に起こすことを意味してもいるのです。

　時間の使い方に関しても，これはじつに重要で，しかも実効性の高い考え方だと，私は思っています。

　いかに無駄な時間を省くかという問題は，いかに有意義な時間を増やすか，ということにつながりますが，人は未来を予知できるわけではありませんから，何かをする前に，それが自分にとって有意義な時間をもたらすのか，無益な時間をもたらすのか，はっきりとはわかりません。そういう大前提があるなかで重要なのは，ことを見極め，見切るということです。

　つまり，自分が無益な時間を過ごしていると感じたら，いち早くそのことから手を引いてしまえばいいのです。

（和田秀樹『「忙しい」「時間がない」をやめる 9 つの習慣』大和書房）

問1　下線部「間合いを見切る」とはどういうことですか。　　　　　　　11

1．剣の修行で最も重要で，最初に身につけておくべきこと
2．多くの条件から攻撃を仕掛けてよい距離を判断し，攻撃に移ること
3．自分の力をよく知り，実戦で効率よく生かすこと
4．相手と自分の能力を比較して，相手よりも素早く行動すること

問2　時間の使い方について筆者はどのように考えていますか。　　　　12

1．自分の時間を意味のない行動に費やすべきではない。
2．有意義な時間になることだけを選んで活動すべきだ。
3．無意味な時間に思えても，続けることが重要である。
4．「見切り発車」をしないように慎重に行動すべきだ。

XII　次の文章を読んで後の問いに答えなさい。

　　私が小，中学生時代を過ごした一九五〇年代後半から六〇年代前半の頃は，「すぐれた子
どむ」は理工系に進むのが当然だ，というような社会的風潮があった。科学的な思考，分
析方法を身につけ，そのことによって新しい技術を開発し，生産力の発展に寄与していく。
そういう人間に向かって進んでいく子どもが「すぐれた子ども」の像だったのである。

　　本当は，科学とは科学的方法によってものごとを考察していく学問にすぎない。そこか
らは科学的方法によってとらえられた真理がみえてくる。それを私たちは科学的真理と呼
んでいる。だがそのことは，科学とは別の方法をとおしてみえてくる真理もまた存在する
ということを示しているはずである。たとえば人間はなぜ生きているのか，というような
問いに対して科学は無力である。科学ができるとすれば，人間が生きているということを
身体的構造のなかで明らかにすることだけであり，それを科学的真理として承認すること
に異議はないが，この方法では人間の生きる意味はとらえられない。それは科学とは別の
方法でつかみとられていくものである。

　　ところが戦後の日本にはそんな議論は通用しない雰囲気があった。科学的に説明できな
いものはすべて誤りという風潮が広がっていったのである。それが非科学的な「神国日本」
とか「大和魂」「日本人の器用さ」などを信じた末に訪れた惨めな敗戦を経験した，戦後の
日本の人々の信条であった。

　　　　　　　　　　　　　　　　（内山節『日本人はなぜキツネにだまされなくなったのか』講談社）

問1　下線部「『すぐれた子ども』は理工系に進むのが当然だ」とされていた直接の理由を，
　　　筆者はどのように述べていますか。　　　　　　　　　　　　　　　　　　　13

1．文系の学問とは違って，理工系の学問は若いうちにすべきだから
2．日本人は，敗戦の理由を科学的に解明したいと考えていたから
3．科学が，あらゆることがらの真理を探求することに有用だから
4．日本社会は，新しい技術の開発や生産力の発展を望んでいたから

問2　筆者は「科学」について何と言っていますか。　　　　　　　　　　14

1．客観的な事実から真理の一側面を捉えられる学問
2．人間の生きる目的を客観的に捉えられる学問
3．生の意味を軽視し，日本を惨めな敗戦へと導いた学問
4．技術の発展には役立つが，いずれ社会を破壊させる学問

XIII　次の文章を読んで後の問いに答えなさい。

　夜咲くカラスウリの花粉を運ぶのは，蛾の一種であるスズメガである。カラスウリは暗い闇のなかでスズメガを呼び寄せなければならないのである。

　…（略）…カラスウリのように夜に咲く花は，白っぽい色をしていることが多い。昼間はよく目立つ赤い色も，暗くなるとまったく目立たない。一方，白い色であれば，暗い闇夜のなかで鮮やかに浮かびあがるのだ。

　さらに花を目立たせようとすれば，花は大きいほうがいい。しかし，大きな花を咲かせるのはコストがかかり，大変である。そこでカラスウリは，レースのように細い糸状に花びらを変化させて，実際の花よりも何倍もの大きさに見せて目立たせている。

　また，カラスウリの花は根もとのほうが長い筒状をしていて，一番奥に蜜を隠している。カラスウリの花粉を運ぶスズメガは，ホバリングして空中静止しながら，ストローのような長い口を伸ばして蜜を吸う。カラスウリは，花粉を運んでくれるスズメガだけに蜜を与えるように花を長くしているのである。

　カラスウリには雄花だけを咲かせる雄株と雌花だけを咲かせる雌株とがある。カラスウリの真っ赤な実が実るのは雌株のほうである。花を咲かせるだけでなく，実を実らせ種子を作るのはコストがかかるので，花をたくさんつけることはできない。一方，花粉にはコストはそれほどかからない。そのため，花をたくさん咲かせるのは雄株のほうである。

（稲垣栄洋『残しておきたいふるさとの野草』地人書館）

問1　カラスウリの花の特徴として，最も適当なものはどれですか。　　　15

1．目立たせるために，大きな花を咲かせる。
2．昼間に目立つように白い花を咲かせる。
3．花の根もとを筒状にして蜜を隠している。
4．雄株に比べて雌株の方が花の数が多い。

問2　この文章の内容と合っているものはどれですか。　　　16

1．スズメガはカラスウリにとまって蜜を吸う。
2．カラスウリは雄株の方にだけ実が実る。
3．カラスウリの花粉を運ぶのはスズメガだけである。
4．スズメガは夜だけではなく昼間も行動することがある。

XIV　次の文章を読んで後の問いに答えなさい。

　この地上において目に見える形の資源として，太陽光と太陽熱，雨と風，潮流や地熱，そして樹木などの生物資源（バイオマス）がある。これらを地上資源と呼ぶが，私は地下資源文明の後に来るのは地上資源に依拠した文明ではないかと思っている。重要な点は，日本は地下資源には恵まれていないが，地上資源は余るほどあることで，そこに着目すべきではないだろうか。

　地上資源の良さは地下資源と正反対で，資源量は無限と言えるくらいあり，環境への負荷が小さいということにある。現在では，それらをエネルギー源（太陽光発電，風力発電，地熱発電，バイオマス発電など）として利用することが開始されており，自然エネルギー（再生可能エネルギー）と呼ばれている。ドイツでは総使用電力量のうち自然エネルギーの占める割合が二七％にも達しており，一〇年先には三五％にまで増やし原発を廃止することを目標としている。化石燃料の節約だけでなく，持続可能な社会を築くための切り札と捉えているためである。

　…（略）…

　むろん，地上資源を使いこなすためにはまだまだ時間が必要であるし，私たちの常識も変えなければならない。というのも，地下資源のような高い効率性は望めないかもしれないからだ。むしろそのことをプラスに捉え，ほどほどの豊かさに満足し，自然と密着した生き方を楽しむ。そんな生活スタイルになればと思う。そのためには「文明観」の転換が必要なのかもしれない。

（池内了『ねえ君，不思議だと思いませんか？』而立書房）

問1　この文章の内容と合っているものはどれですか。

17

1．地上資源は地下資源に比べて資源量は多く，環境に与える影響も少ない。

2．ドイツは総使用電力量のうち自然エネルギーの割合を二七％に上げようとしている。

3．日本は地下資源にも地上資源にも恵まれていないので，対策を考える必要がある。

4．地下資源を効率的に使うためには，私たちの技術の常識を変えなければならない。

問2　下線部「そんな生活スタイル」の例として，最も適当なものはどれですか。

1．より良い人間関係を作るためにコミュニケーションを大切にする。

2．自然や環境保護について，専門的な知識をつけるようにする。

3．文明の進歩を望まず，都会を捨てて自然の中で暮らすようにする。

4．むやみに豊かさや効率性を求めるのはやめて，自然と親しんで暮らす。

XV　次の文章を読んで後の問いに答えなさい。

　温暖な地域に被子植物が広がると，裸子植物は寒冷な土地へと分布を移動させていった。じつは，被子植物に圧倒された裸子植物だったが，北方の地域で安住のすみかを獲得したのである。

　その秘密は，裸子植物が持つ時代遅れの仕組みにある。

　被子植物は水を効率よく運ぶ導管を発達させた。しかし，この新しいシステムには，欠点があった。それは水の凍結に弱いという点である。

　導管の中は水がつながって水柱となっている。そして，葉の表面から蒸散によって水が失われるとその分だけ水が引き上げられる。このシステムによって導管を持つ植物は水を吸い上げているのである。そのため，導管の中で水のつながりに切れ目ができると，水を吸い上げることができなくなってしまう。

　ところが，導管の中の水が凍結すると，氷が溶けるときに生じた気泡によって水柱に空洞が生じてしまう。すると，水柱のつながりがなくなり，水を吸い上げることができなくなってしまうのである。これは植物にとって致命的である。

　一方，裸子植物の仮導管は，細胞と細胞の間に小さな穴があいていて，この穴をとおして細胞から細胞へと順番に水を伝えていく仮導管という方法で水を運んでいる。これは水を一気に通す導管に比べると，水を運ぶ効率がすこぶる悪い。いかにも古臭いシステムである。しかし，細胞から細胞へと確実に水を伝えるので，導管のようなことは起きにくい。そのため，裸子植物は，凍てつくような場所でも水を吸い上げて生き残ることができるのである。

（稲垣栄洋『植物はなぜ動かないのか』筑摩書房）

問1　下線部「導管を持つ植物」の説明として正しいものはどれですか。　　19

1．仮導管という方法で水を吸い上げる。
2．蒸散によって葉から水を吸収する。
3．凍結に弱いという特徴がある。
4．寒冷な土地へと分布を広げた。

問2　この文章の内容として正しいものはどれですか。　　20

1．裸子植物が寒い土地でも生息できるのは古い仕組みを持つからである。
2．裸子植物は細胞間で直接水を伝えるので，水の凍結による害を受けやすい。
3．水の凍結に弱かった植物は，北方の地域で分布を広げていった。
4．導管が進化した植物は，導管を持たなかった植物のすみかを奪って絶滅させた。

XVI　次の文章を読んで後の問いに答えなさい。

　仕事を「面倒くさいな」「辛いな」と負担に感じるのは，人間として自然なことだと思います。でも，誰だって「これはわりと好きな仕事」というものを持っていると思います。仕事を「プランニング」「作業」「情報収集や調べもの」「打ち合わせ」「事務処理」などと細分化し，そのときそのときの自分のコンディションに合わせて，好きだったり疲れなかったりする仕事に逃げていくのです。逃れる力を利用して，ローテーション方式で仕事を回していくわけです。

　会社員の方のなかには，仕事を完全に忘れてプライベートの時間を持つことができる人もいるかもしれませんが，仕事が立て込み余裕がなくなってくると，会社にいる時間だけでは仕事が終わらず，家に持ち帰ることが多いと思います。今はどこでも仕事ができますから，家でもメール連絡に対応するなどしている方が増えています。そのような状況下では，いっそオン・オフを明確に区切らずに，オフの時間にも仕事の余熱を残しておいたほうが，かえって疲れないのではないかと思います。

　たしかに，このような仕事のやり方は，一見，休みなく働いているため疲れてしまいそうですが，実は「仕事が進まない」というストレスのほうが，（　Ａ　）。

　　　　　　　　　　（齋藤孝『いつも余裕で結果を出す人の複線思考術』講談社）

問1　（　A　）に入るものとして最も適当なものはどれですか。　21

1．人間にとって負担が大きいのです
2．休みなく働いていることになります
3．オンとオフを区別できない原因になります
4．人間は受け入れやすいものです

問2　仕事について，筆者の考えと合っているものはどれですか。　22

1．仕事は職場ではなく家に持ち帰って行ったほうが成果があがる。
2．仕事を行う時間と休む時間を明確に区切らないと，精神的な負担が増加する。
3．仕事によって発生したストレスは，仕事によってしか解決しない。
4．仕事を細分化して自分の状況にあった仕事を行うようにしたほうがよい。

XVII　次の文章を読んで後の問いに答えなさい。

　ある企業がスマートフォンの製造・販売をしているとする。その流れはこのようなものだ。まず新しいスマートフォンをどのようなものにしようか考える企画という作業を行い，企画した内容に合わせてスマートフォンを開発していく。そして満足のいく商品が開発できると，それを製造し販売していくのだ。

　実際にこの企業はどのようなスマートフォンが良いか考え，何とか試行錯誤の末に，新しいスマートフォンができた。この企業の技術者は(1)非常に良い商品ができたと喜んだ。技術者が現在のスマートフォンに不満を持っていることを企画の段階で洗い出し，技術者の不満を解消したスマートフォンを開発した。作動もはやく，指のうごきに素早く反応する。加えて，最新のデータ通信技術に対応することで，通信速度が速い。機械の専門家である技術者たちが非常に機能的だと口をそろえて言った。技術者たちはこの商品はきっと間違いなく売れるだろうと考え，製造を開始した。

　でも，いざ販売してみると一向に売れる気配がない。企業は「商品は良いのだから販売方法に問題がある」と考え，多くの広告費を払ってこのスマートフォンの存在を世の中に広めた。スマートフォンのデザインが美しかったので，その広告は非常に有名になった。それでも一向に売れない。結局，他社が出したスマートフォンに販売台数では負けてしまった。なぜだろうか。

　その答えは簡単だ。この商品を買う人は誰なのだろうか。それは消費者である。消費者の願いはきっと作動の速さでも，通信速度の速さでも，デザイン性でもなかった。それだけである。答えは消費者に聞かないと分からない。消費者がスマートフォンに要求することは何なのかを商品を企画する段階で取り入れ，どのようなスマートフォンにするか考える必要があった。そしてそれを加味して開発・製造・販売をすることが求められていたのである。(2)勝負は販売の前に決まっていた。

問1　下線部(1)「非常に良い商品」とはどのようなものですか。　　　　23

1．消費者の要求を満たした商品
2．広告を美しく作ることができる商品
3．技術者が機能に納得した商品
4．技術者が顧客のために作った商品

問2　下線部(2)「勝負は販売前に決まっていた」とありますが，勝負はどの段階で決まりましたか。　　　　24

1．企画の段階
2．開発の段階
3．製造の段階
4．販売の段階

問3　この文章の題名として適当なのはどれですか。　　　　25

1．「その商品はお客様を考えているか」
2．「スマートフォンは機能が命」
3．「広告は商品の質を補うためにある」
4．「技術者の質は販売力でわかる」

第 8 回の問題はこれで終わりです。

解答・解説は p.342 を参照してください。

第**9**回

実戦問題

解答時間 70 分

正解と得点分布図確認

QRコードを読み取っ
てオンライン解答用
紙に解答を記入し、正
解と得点分布を確認
してください。

記述問題
説明

　　記述問題は，二つのテーマのうち，どちらか一つを選んで，記述の解答用紙に書いてください。

　　解答用紙のテーマの番号を○で囲んでください。

　　文章は横書きで書いてください。

　　解答用紙の裏（何も印刷されていない面）には，何も書かないでください。

記述問題

　以下の二つのテーマのうち，<u>どちらか一つ</u>を選んで 400〜500字程度で書いてください（句読点を含む）。

1.
　世界中で，女性が自立して働くことを応援する動きが進んでいます。

　あなたの知っている国や地域における女性の社会進出の状況について，説明しなさい。

　そして，その状況についてどう思うか，あなたの考えを述べなさい。

2.
　日本の社会では，災害が起きたときに地域で助け合うための取り組みが増えています。

　あなたの知っている国や地域における防災対策の状況について，説明しなさい。

　そして，その状況についてどう思うか，あなたの考えを述べなさい。

読解問題
説明

　　読解問題は，問題冊子に書かれていることを読んで答えてください。

　　選択肢 1，2，3，4 の中から答えを一つだけ選び，読解の解答欄に
マークしてください。

Ⅰ　次の文章の内容として，最も適当なものはどれですか。　　　　　　　　　　1

　　私がなぜこれほどたくさんの本を読んでいるのかというと，読書は自分のコンディショ
ンを整えるのにも有効だと思っているからです。本はまずは思索を深めたり知識を得たり
するために読むのですが，自分のコンディションを整えるための読書というものもあるの
です。…（略）…読書はハードな仕事の合間に頭を休めるにはちょうどいいのです。
　　私はミステリ小説を読むのが好きです。ミステリ小説を読む時間はあまり生産性が高い
とはいえません。ただ，ミステリ小説の世界のなかではいろいろな事件が起きます。それ
を読んでいると「自分はここまで大変じゃないな」と楽にもなれるのです。冷戦時代のス
パイものは，強烈なストレスに晒されている人間の緻密なやりとりが面白く，そのストレ
スのなかで生きる登場人物のタフさを見ていると，頭が休まると同時に，鍛えられている
感じもあります。

（齋藤孝『いつも余裕で結果を出す人の複線思考術』講談社）

1．ミステリ小説は緻密に話が進むため，効率的に思考力が鍛えられる。
2．読書はあくまで精神の安定のためにあり，知識の習得は重要ではない。
3．読書は，考えや知識を深められるだけでなく休息にも有効である。
4．本の世界に入り込むことで，ストレス社会から離れることができる。

Ⅱ　次の文章は学部のカリキュラムに関するお知らせです。このお知らせの内容と合って
　いるものはどれですか。

2

新入生の皆さんへカリキュラムについてのお知らせ

　大学のカリキュラムは今までの教育と比べて，自由で自主的に決めることが可能で
す。一方で，自分で履修する教科を決める必要があり，履修について責任が生まれま
す。そのため，カリキュラムについて正確な理解をするように努めましょう。分から
ないことがありましたら，本館1階学生課までお問い合わせください。

A表：卒業必要単位数

科目系列	卒業必要単位数
必修基礎科目	16
選択基礎科目	24
必修応用科目	24
選択応用科目	36
外国語科目	24
合計	124

B表：科目ごと単位取得目安

科目系列	1年	2年	3年	4年
必修基礎科目	←→	→		
選択基礎科目	←→	→		
必修応用科目			←→	→
選択応用科目			←→	→
外国語科目	←→	→		

A表：各科目の必要単位数を示してあります。「必修」と記載がある科目は全ての履
　　　修が完了するまで，卒業することはできません。「選択」と記載のある科目は，
　　　他の学部の授業などと交換して自由に履修を決めることができます。
　　　合計で124単位以上取得することで卒業することができます。
B表：各科目の単位を取得する目安となる学年が記載されています（あくまで目安
　　　ですので，これに準じる必要はありません）。

緑川大学　新入生支援課
10号館3階

1．カリキュラムについての質問は新入生支援課にする。

2．必修応用科目が終わっていないと選択応用科目を履修できない。

3．大学4年生では選択基礎科目の授業を履修することはできない。

4．必修基礎科目を12単位，合計124単位取得の場合卒業できない。

III　次の文章で筆者が最も言いたいことはどれですか。　　　　　　　　3

　昔は，池や小川でザリガニをとったり，学校の帰りにトンボをとったり花をつんだりした。そういう原っぱがたくさんあった。チョウやセミにやたらに詳しい昆虫少年というのがいた。今，池や原っぱが開発でなくなったばかりではない。たとえ少しでも残っている空き地に必ずや手を入れ，雑木林をわざわざ引っこ抜いたあとにサクラとツツジを植え，レンガ敷にして土をなくし，「公園」と称するものを作らねばならない「造園行政」には，常々腹立たしい思いを抱いている。そして，子どもたちはファミコン・ゲームで育つ。チョウの絶滅よりも先に，昆虫少年という人種が絶滅するのではないか？　人類の存続のために生態系全体の保全が叫ばれているが，それだけではなく，自然との触れ合いは，自分自身を含めたいのちの実感を育む上で人間に不可欠なのだろう。

（長谷川眞理子『科学の目　科学のこころ』岩波書店）

1．子どもの興味を認め，個性を大切にするべきだ。
2．都市開発の中に自然保護の視点を盛り込むべきだ。
3．人類の存続のためには生態系の保全が重要である。
4．自然との触れ合いはいのちについて考える機会になる。

Ⅳ　次の文章で筆者は，どのような議論が良いと考えていますか。　　　　　　　4

　　自分と異なる意見を持つ相手と意見を闘わせることで「ああ，そういうものの見方もあるのか」と気づくこともあるかもしれないし，「全面的に賛成することはできないけど，この部分に関しては大いに頷（うなず）ける」などの発見をすることで，今までＡだと思い込んでいた自分自身の立ち位置が，実際にはＢ寄りであること，Ａ'（Ａダッシュ）の立場であることに気付かされるかもしれません。

　　対立する二者が議論を経ることでお互いの立場を微妙に変化させる，ということは知性主義に立脚する限りはごく自然にあり得ることです。知性にはそのような弁証法的な効果があります。

　　ところが，現実の社会には，大学教授など，一般には知性があると見られる人同士がする議論であるにもかかわらず，議論の前と後で，双方の考え方にまったく変化が生じない，という例を目にすることもしばしばあります。このような議論の場合，果たしてそれが本当に議論と呼べるものだったのかは大いに疑わしいところです。

　　　　　　　　　　　　　　　　　　　　　　　（齋藤孝『知性の磨き方』SBクリエイティブ）

1．意見を言い合うだけでなく，明確な結論を得られる議論
2．相手の立場を尊重し合い，友好的に行われる議論
3．妥協することなく，双方が自分の意見を主張する議論
4．双方が，自分の考えを見直すきっかけとなる議論

V　下線部「こうした」の意味として，最も適当なものはどれですか。　　5

　　群れをなす動物たちは，集団の進むべきルートをどう見定めるのでしょう。ミツバチや魚や鳥の一部では，「正しい知識を持ったリーダー」が少数いることが知られており，こうした優等個体が集団を牽引（けんいん）するようです。

　　ただ不思議な点もあります。正しい知識はどのように群れ全体に伝わるのでしょうか。そもそもメンバーたちは「誰が正しい知識を持つか」を，どうして識別できるのでしょうか。

　　現在では，高速なコンピュータに個々の動物の行動癖を組み込むことで，集団行動のパターンを再現することができます。

　　計算結果によれば，集団に占める「正しい知識を持った個体」の割合が増えるほど，群れは正しい進路を取ります。これは当然でしょう。しかし，意外なことに，知識個体率が同じ場合は…（略）…，集団の規模が大きいほど群れは正解に至ります。こうしたところに動物が巨大な群れをなす理由があるのかもしれません。

（池谷裕二『脳には妙なクセがある』扶桑社）

1．群れをつくる動物では，その群れの中に正しい知識を持つ個体が少数いる。
2．正しい知識を持った個体の数が多い群れのほうが正しい選択ができる。
3．現在はコンピュータによって，動物の行動を再現することができる。
4．正しい知識を持った個体の割合が同じなら，大きい群れのほうが正しい選択をする。

VI　次の文章で筆者が最も言いたいことは何ですか。　　　　　　　　　6

　　ある学者がヨーロッパの大学へ留学。いい人に出会って結婚。夫人をつれて帰ってきた。
チェコスロバキアの女性で日本語がわからずいろいろ苦労したという。

　　来日してまだ間もないとき，夫の帰りがおそくなり，ひとり留守をまもる妻は，時なら
ぬ大音響にびっくり。国を出るとき，母親が注意したそうである。日本はたえず地震があ
るそうだから，充分注意しなさい。大きな音がしたら地震だから，とにかく家の外へ飛び
出さないと危ない。それで，てっきり地震だと思って，あわてて外へ飛び出した。しかし，
地震の気配はなく辺りは静かである。通りに出ている人もないが，すこし先に，赤いちょ
うちんが見え，そのおじさんがマイクで，焼き芋を売っていた，というのである。ヨーロッ
パでは，夜暗くなってから大きな物音がするというのはまずありえない。そういうところ
で育った人には，焼き芋売りがとんでもない大声を出すとは思いも及ばないことである。

（外山滋比古『聴覚思考』中央公論新社）

1．日本では，夜遅くなって大きな物音がすることがあるということ
2．あらかじめ備えていれば，異文化圏でも慌てずに過ごせるということ
3．育った環境によって，その人にとっての常識が形成されるということ
4．親の言うことを無批判に信じることは，愚かであるということ

VII　次の文章で，筆者は微生物についてどのように説明していますか。　　7

　田んぼの土の中にはさまざまな微生物がいます。…（略）…

　目には見えないほど小さな存在ですが，微生物は有機物を分解して土の中の栄養を作ったり，土の物理構造をよくしたりするなど，大切な働きをしています。

　微生物は種類も働きもさまざまで，人間が分類できている微生物は，まだほんのわずかに過ぎないと考えられています。

　なかには意外な能力を持つものもいます。田んぼに住む脱窒菌というバクテリアは，窒素分を分解して空気中に窒素として放出する能力を持っています。

　昔は，せっかくの肥料分を失わせるため問題でしたが，現代では窒素分を浄化して水をきれいにする役割が評価されています。田んぼは水をきれいにする機能がありますが，その一つは脱窒菌の働きによるものなのです。

　昔から利用されてきた微生物もいます。ゆでた大豆を稲わらに包んでおくと，大豆が発酵して納豆ができます。これは稲わらを餌にして分解する納豆菌というバクテリアが大豆を発酵させるためです。…（略）…

　納豆菌の働きのすばらしさもさることながら，納豆菌を見いだして，巧みに利用した古人の知恵にも脱帽です。

（稲垣栄洋『田んぼの生きもの誌』創森社）

1．人間が分類できる脱窒菌はわずかである。
2．現在，脱窒菌は肥料分を減らすと悪評である。
3．人間は古くから微生物を巧みに利用してきた。
4．多くの微生物は昔から有益と見なされてきた。

Ⅷ　次の文章で，キツネがきのこ狩りに出かけた村人の弁当を狙った理由として，最も
　　適当なものはどれですか。　　　　　　　　　　　　　　　　　　　　　　　8

　キツネは自然の変化や人間の行動をよく知っている動物である。だから，たとえばこん
な話がよくある。村人が山道を歩いていく。目的はマツタケ，マイタケといった「大物」
の茸狩りで，弁当をもって朝から山に入った。こんなときに歩く山道は登山道のようによ
く整備されたものではなく，地元の人間にしかわからないような険しい道である。途中に
は岩をよじ登ったりしなければならない場所もある。
　そういう所にさしかかると，人間はたいてい最初に弁当などの荷物を，手を伸ばして岩
の上に置き，それから両腕を使って岩の上によじ登る。こういう場所でキツネは待ってい
るのである。そうして人間が岩の上に弁当などを置くとそれをくわえて持っていく。岩の
上によじ登ったときキツネの後姿をみかけることもあるが，忽然として弁当が消えたとし
か思えないこともある。そんなとき人々はキツネにだまされた，あるいは悪さをされたと
いう。

（内山節『日本人はなぜキツネにだまされなくなったのか』講談社）

1．村人が疲れていて追いかけてこないことを知っているから
2．村人がまず荷物を置くという行動の手順を理解しているから
3．一部の人間だけが知る道のため人目がなく狙いやすいから
4．村人が岩を登る時に盗めば自分の姿を見られずに済むから

IX　次の文章で筆者は，外国人にとって日本語教育が不幸である理由を何だと言っていますか。

9

　大学の国文科がなくなり，日本文学科になっても，小学校，中学校の国語が日本語になることはなかった。いまもって，国語，国語科である。日本語にしたくても，できない，のである。国語は教えられても日本語は教えられないのである。

　そのころ，日本語を学びたいという外国人がふえ出していた。日本の国はじまって以来，日本のことばを学びたいという外国人が多数あらわれたことはかつてない。外国語は学ぶが，外国人にこちらのことばを教えるなどということは考えたことがない。国語の先生に外国人の日本語教育をしてもらうわけにはいかない。

　しかたがないから，日本語を学びたい外国人は，英語の教師とかことば好きの主婦から日本語を教えてもらうほかなくなった。

　外国人にも，日本人にも不幸な日本語教育である。現在なお，まっとうな日本語教育のできる人はおどろくほど少ない。

（外山滋比古『国語は好きですか』大修館書店）

1．日本の学校の国語の先生が，外国人に日本語を教えようとしないため
2．外国人は，日本語教育の専門性のない人に日本語を教わっているため
3．日本語は，英語などの外国語よりも勉強するメリットが少ないため
4．外国人は，本当は日本人と同様の国語の授業を受けたいと考えているため

X　次の文章で筆者は，どういう点で学校の試験が重要だと言っていますか。　　10

　いちいち先生が生徒ひとりひとりの家に出かけていって，どれだけ勉強しているのかを見なくても，試験の結果がそれぞれの生徒の勉強ぶりを示してくれます。しかも，重要なことは，試験はひとりひとりを区別して，それぞれの生徒の勉強ぶりの成果を示してくれることです。ふだんの授業で，ひとりひとりの生徒がどれだけ勉強に取り組んでいるのかを調べようと思ったら大変です。先生は教えるのをやめて，生徒ひとりひとりの様子をしょっちゅう記録にとどめなければならないくらい面倒なことになるでしょう。でも，試験があればそんな面倒なことをしなくても，ふだんの授業の成果を答案用紙が語ってくれるのです。

　このように試験というのは，生徒ひとりひとりの勉強ぶりを示す便利な道具です。だからこそ，学校の中でもとても重要な行事と見なされているのです。

（苅谷剛彦『学校って何だろう』筑摩書房）

1．生徒のやる気を引き出すことができる点
2．先生がつける記録よりも正確に成績をつけられる点
3．生徒の勉強への取り組みが推測できる点
4．授業内容を確実に覚えさせることができる点

このページには問題はありません。
次のページに進んでください。

XI　次の文章を読んで後の問いに答えなさい。

　スイカと同じウリ科の植物には，カボチャやメロンがあるが，これらの実は，中心に種子がまとまっていて，食べるときには種子を取り除くことができる。ところが，スイカは実の中に種子が散らばっていて，実を食べるとどうしても種子も一緒に食べてしまう。

　植物の果実は，外側の実を守る外果皮と，種子を包む内果皮があり，その間に中果皮と呼ばれる部分がある。カボチャやメロンは，種子のまわりにある中果皮を果肉として発達させた。ところが，それでは中果皮だけを食べられると種子を食べさせることができない。そこで，スイカは種子を包む内果皮を甘い果肉として発達させたのである。内果皮が発達した結果，種子が散らばっているのである。スイカの赤い果肉の外側には，白い部分があるが，これがスイカの中果皮である。

　さらに，スイカの果実は中心に行けば行くほど甘くなっている。中心部が一番甘いのも残さずに食べてもらうための工夫なのである。

　このように，本来スイカの種子は食べられたいと思っている。しかし，人間はそれを食べずに吐き出してしまう。縁側の下で，吐き出されたスイカの種がときどき芽を出しているのが，せめてもの抵抗ということなのだろう。

（稲垣栄洋『スイカのタネはなぜ散らばっているのか』草思社）

問1　筆者によると，スイカは，どのような点でカボチャと異なりますか。　11

1．果実の中に種子がたくさん入っている点

2．種子を包む中果皮が存在しない点

3．カボチャよりも果実の甘みが強い点

4．種子が果実の中に散らばっている点

問2　この文章の内容と合っているものはどれですか。　12

1．メロンはスイカと同様にタネを実の中心に配置している。

2．人間と同様に動物たちもスイカのタネを食べない工夫をしている。

3．スイカなどの果実には3つの種類の果皮が存在している。

4．メロンの食用部分とスイカの白い部分とでは，果皮の種類が異なる。

XII　次の文章を読んで後の問いに答えなさい。

　かつては（今も）子どもの誕生は神の領域であり，私たちはその結果を受け入れることを当然としてきた。通常の妊娠では＊ダウン症になる確率が必ずあり，「子どもは天からの授かりもの」だからと受け入れてきたのである。その他の遺伝的要素も同様で，当人がそれを自分の個性と考えて前向きに考える場合も，大きなハンディキャップを背負ったと天を恨む場合もある。それぞれ多様な思いが共存することで社会が健全に成り立ってきたのではないだろうか。

　しかし，いったん遺伝子の改変に手をつけるとどんどん拡大し，世代を越えて受け継がれていく。極端に言えばみんな同じ髪の毛で同じ目の色で同じ背の高さでというふうな（　Ａ　）された社会になってしまう危険性がある。人間世界の多様性が失われてしまうのだ。そのような人間集団は外部からの圧力に弱く，短命であることは容易に想像される。雄と雌（男と女）ができたのは，遺伝子を混ぜ合わせて種の多様性を獲得するためであり，その方が環境変化に耐えることができるからだ。ところが，生命を操作する技術が広がると人間は多様性を失い，むしろ社会は脆弱になっていく可能性が高い。人間世界の持続可能性の観点からもしっかり議論しなければならないと思っている。

（池内了『ねえ君、不思議だと思いませんか？』而立書房）

＊ダウン症：染色体の突然変異によって起こる生まれつきの特性。ダウン症候群

問1　（　Ａ　）に入るものとして，最も適当なものはどれですか。　　　13

1．効率化
2．相対化
3．一体化
4．画一化

問2　「遺伝子の改変」の影響について，筆者が最も言いたいことはどれですか。　14

1．子どもという，いわば神の領域を犯すことになる。
2．社会が，雄と雌という二つの性別を必要としなくなる。
3．人間世界は多様性を失い，持続可能性が低下する。
4．遺伝的なハンディに悩む人を減らすことができる。

XIII　次の文章を読んで後の問いに答えなさい。

　依存心の強い＊八方美人が周囲への迎合をやめたとたん，周囲の人間にとって彼は(1)まったく無意味なものになる。

　彼が周囲に迎合していいなりになっていたからこそ，周囲は彼とつきあっていたのである。彼が奴隷になっているかぎりにおいて，周囲は彼の時間も労力も自分の思うように使えた。

　ところが，彼が困難に遭遇したり，彼に自律心が出てきてしまっては，彼は周囲にとってまったく意味がなくなる。

　そうなった時，彼は初めて現実に接する。そして眼が覚め，自分が思う存分，心ゆくまで周囲になめられていたことに気がつく。

　しかし，その時同時に，自分の本当の感情にも気がつく。今までつきあっていた人の中に，自分の好きな人など一人もいないということに。今まで好きだと思っていた人を，実は心の底では嫌っていたのだと。

　周囲の現実に接して，〝くやしい〟と思う。よくもここまで自分をボロボロにしたと思い，くやしくて歯ぎしりする。

　しかし，その一方で，彼は何か(2)さっぱりした感情を味わうはずである。なぜなら，今まで一度も味わったことのない明快な感情が，自分の中に生まれてくるからである。

　それまでは，好きなものを嫌っていた。愛しているものを憎んでいた。大好きな自分自身を嫌悪していた。自分の周囲についての感情は，何もかも＊＊アンビヴァレントであったのである。

（加藤諦三『自分を嫌うな』三笠書房）

　＊八方美人：ここでは誰に対しても上手くふるまおうとする人のこと

　＊＊アンビヴァレント：同じ物事に対して，相反する感情を抱くこと

問1　下線部(1)「まったく無意味なものになる」の意味として，最も適当なものはどれですか。 <kbd>15</kbd>

1．彼が本来の力を出せなくなるということ
2．彼を利用する価値がなくなるということ
3．彼の能力が低下するということ
4．彼の気持ちを理解できなくなるということ

問2　下線部(2)「さっぱりした感情を味わう」のはなぜですか。 <kbd>16</kbd>

1．本当の味方が誰か分かったから
2．相手と心が通った交流ができたから
3．正直な気持ちを認識できたから
4．思うように相手をコントロールできたから

XIV　次の文章を読んで後の問いに答えなさい。

　人間が，他者の顔を「美しい」と感じる基準は，誰が見ても「美しい」と感じる普遍的な基準でしょうか。それとも，一人ひとりの好みに応じた個別的な基準でしょうか。レオナルド・ダ・ヴィンチの絵画に描かれた女性像は，誰が見ても，たしかに美しいと感じるものでしょう。しかし，「あばたもえくぼ」という日本の慣用表現にもあるように，好きになった相手であれば，たとえニキビの跡が顔に残っていたとしても美しく感じることがあります。どうやら，人間の美意識は，普遍的であり，なおかつ，個別的な基準でもあるようです。

　社会心理学の専門家によると，美意識は，生物学的な進化の過程で獲得されたものでもあると言われています。しかし，とりわけ人間の美意識が他の動物の場合と異なるのは，美が社会的な文脈のなかで形づくられている，という側面でしょう。子どもには，子どもらしい可愛らしさ，成人女性には，大人びた美しさが求められる，といった美意識の変化には，社会の中で構築された何らかのルールや規範が作用しているのではないでしょうか。

　その場合，しばしば議論の的になるのが，女子高校生の化粧です。校則で化粧を禁止している高校もありますが，それは，半分は子どもである彼女たちの〝あるべき姿〟を学校側が外から規定するものです。教育的指導という意味では大事なルールかもしれません。ですが，多感な思春期を迎えた彼女たちが，誰かに見られる〈自己〉を意識し，その結果として化粧に興味をもつことは，ごく自然なことです。

問1　下線部「人間の美意識は，普遍的であり，なおかつ，個別的な基準でもある」の意味として適当なものはどれですか。　17

1．レオナルド・ダ・ヴィンチの絵画であっても，鑑賞者の好みは分かれる。
2．顔の傷でさえ美しく思うように，美意識には必ず主観の方が強く作用する。
3．誰もが「美しい」と感じる場合と，個人的な好みが作用する場合が並存する。
4．専門家の個別の調査に基づき，普遍的な条件を導き出すことができる。

問2　女子高校生の化粧に対する筆者の主張として，最も適当なものはどれですか。　18

1．女子高校生はもう大人だから，大人びた美しさを求めるべきだ。
2．校則で禁止されている化粧をするのは，明らかに違反である。
3．女子高校生は半分子どもなので，各家庭でルールを作るべきだ。
4．成長とともに，他者に見られることを意識するのは当然である。

XV　次の文章を読んで後の問いに答えなさい。

　知り合いのポーランド人男性から，こんな話を聞いたことがある。ポーランドに来るの
はこれが初めてという若い日本人女性を，ワルシャワの空港に迎えに行ったときのこと。彼
はいまだにポーランド社会に根強く残っている古風な礼儀作法にのっとって，初対面の日
本人女性の手を取り優雅にキスをした。女性のほうは生まれて初めてそんな歓迎を受けた
ため，大感激。そして，男の手をむんずと摑み，今度は彼女の方からキスをしたのだった。
言うまでもないことかも知れないが，相手の手へのキスとは，女性を崇拝する騎士道精神
の名残りであって，もちろんこれは男が女にするものであり，その逆はありえない。だか
ら，うら若い日本人女性に手を取られ，キスをされたポーランド紳士が，飛び上がるほど
驚いたことは言うまでもないだろう。その姿を想像しただけでも，可笑しいではないか。
　この女性を無知だと笑ってはいけない。単に異国の風俗習慣をよく知らなかったという
だけのことだが，それにしても，この話を思い出すたびに僕が感心するのは，まったく予
期しなかった事態に対して咄嗟に判断をくだし，行動に移ったこの女性の見事な決断力で
ある。いや，決断力だけではない。彼女はきっと心優しい女性だったのだろう。おそらく，
「こんな親切な挨拶をされた以上は，自分もお返しをしなくては」と考えたのだから。こう
いう「間違い」をする女性は，なかなか魅力的ではないだろうか。

（沼野充義『W文学の世紀へ』五柳書院）

問1　この文章の説明によれば，本来の礼儀作法として正しいものはどれですか。　19

1．男性が女性の手にキスをするが，女性はしない。
2．女性が先に手を取り，お互いにキスをする。
3．男性はお辞儀をするだけで，キスをしない。
4．初対面同士では，古風な礼儀作法を行わない。

問2　筆者が，この日本人女性を魅力的だと考える理由は何ですか。　20

1．異文化の古い風俗習慣を，事前によく調べていたから
2．予想外の事態に対する行動に決断力と優しさが表れていたから
3．自分の間違いに気づいても，慌てず悠然と構えていたから
4．驚いて取り乱したポーランド紳士のことを笑わなかったから

XVI　次の文章を読んで後の問いに答えなさい。

　相手の話を一生懸命聞いていると，いくつもの質問が浮かんでくるものです。しかし，たとえば講演会の質疑応答の時間だけでは，それをすべて聞く時間はありません。そこで，質問に重要度の順位づけをする必要が出てきます。

　ではどんな基準で質問を絞っていけばいいのでしょうか。

　第一条件は，具体的であるかどうかです。

　漠然とした「あなたにとって〇〇とは？」といった質問ではなく，「この部分は具体的に〇〇という解釈でいいのでしょうか」と質問をするのです。

　その際，「この部分の具体的な手段として，Aを想定しているのですか，それともBですか」と選択肢を設定できれば，なおいいでしょう。相手も答えやすいし，「話をよく聞いてくれている」という評価にもつながります。

　第二の条件は，（　A　）ことを聞くということです。

　個人的な関心や興味に基づいた質問は下位に順位づけるべきです。そんな質問は，仕事に関する会議の席や，多くの聴衆を対象とする講演会では，まったく無意味な質問にしかならないと知っておきましょう。

　無駄な質問をして顰蹙を買わないためには，仮に五つの質問が浮かんだとしても，それを全部聞こうとしないことが大切です。

　五つの質問のうち，実際に口にするのは上位の二つに限りましょう。そうすれば，少なくとも愚問とはならないはずです。

（齋藤孝『大人のための会話の全技術』KADOKAWA）

問1　（　A　）に入るものとして最も適当なものはどれですか。　　　21

1．自分が長年にわたって疑問に思っていた
2．その場にいる全員にとってプラスになる
3．自分自身を成長させるのに役立つ
4．新しいアイディアを思いつくことができる

問2　筆者の考えと合っているものはどれですか。　　　22

1．漠然とした内容をあえて質問することで，具体的な答えを引き出すことができる。
2．相手の話をきちんと聞いていれば，疑問に思う点は出てこないことが多い。
3．質問の機会は限られているので，疑問点は全て質問した方がよい。
4．具体的な質問は，相手が答えやすく，また質問者の評価が上がることもある。

XVII　次の文章を読んで後の問いに答えなさい。

　いまの学校では，クラスの一体感がなくなってきているとよくいわれます。最近の中高生たちは，数人程度の小さなグループに分かれ，その閉じられた世界のなかで日常生活を営んでいるからです。グループの内部だけで人間関係が完結してしまっているために，たとえ同じクラスの人間であっても，グループが違えば別の世界の人間になってしまうのです。

　彼らは，「格が違う」とか「身分が違う」などと形容して，グループ相互の上下関係に過剰なほど気をつかいあっています。そして，格や身分の違う人たちのグループとは，それが下である場合だけでなく，上である場合でも，なるべく交友関係を避けようとします。いわゆるスクール・カーストです。カーストとは言いえて妙で，教室という同じ空間を共有しながら，カースト間の交流はほとんど見られません。昨今のクラスは，このカーストによって複数の層に分断されているために，一つのまとまりとして成立しづらくなっているのです。

　昨今の中高生たちの交友関係では，このような格や身分の違いが非常に重視され，言葉づかいや立ちふるまい方，はてはファッションに至るまで，グループ間でその流儀を異にしています。そして，グループの違う人たちの真似をすることはほとんどありません。カーストの違う人たちは，日常世界から圏外化されているからです。互いの交通手段を欠いた離れ小島のように，それぞれのグループが孤立したまま，クラスという大海に点在しているのです。

　…（略）…

　今日の中高生たちの感覚では，グループの外部はそのまま日常世界の圏外を意味します。したがって，そこには敵対的な関係も存在しません。そもそも意味ある人間関係が成立していないのです。…（略）…

　敵へ向けて集団的なエネルギーが発散されることもないので，グループ内での人間関係の圧力が逆に高まっています。…（略）…それぞれが互いをターゲットにして，グループ内で熾烈なポジション争いが繰り広げられています。

（土井隆義『キャラ化する／される子どもたち』岩波書店）

問1　下線部「グループが違えば別の世界の人間になってしまう」のはなぜですか。　23

1．最近の中高生は一人でいることを好むから
2．進学することで交流がなくなってしまうから
3．人間関係がグループごとに閉じられているから
4．学校が少人数制の教育方法を奨励しているから

問2　スクール・カーストについての説明として適当なものはどれですか。　24

1．成績ごとのクラス分けにより，学校内での序列が生まれている。
2．家の社会的地位により，学生同士の上下関係ができている。
3．交友関係の広い一部の学生が，教室の中で主導権を握っている。
4．上下関係のある複数のグループが，教室の中で分断されている。

問3　この文章によると，現代の中高生の生活はどのようなものですか。　25

1．グループの外部には興味を示さないが，内部の人間関係には敏感である。
2．グループの外に敵をみつけて，グループ内の結束を強めようとする。
3．グループから外れることを圏外化と呼び，孤立を避けようとしている。
4．より上位のグループに移動するため，熾烈なポジション争いをしている。

第 9 回の問題はこれで終わりです。

解答・解説は p.346 を参照してください。

実戦問題

解答時間 **70** 分

正解と得点分布図確認

QRコードを読み取っ
てオンライン解答用
紙に解答を記入し、正
解と得点分布を確認
してください。

記述問題
説明

　記述問題は，二つのテーマのうち，どちらか一つを選んで，記述の解答用紙に書いてください。

　解答用紙のテーマの番号を○で囲んでください。

　文章は横書きで書いてください。

　解答用紙の裏（何も印刷されていない面）には，何も書かないでください。

記述問題

　以下の二つのテーマのうち，どちらか一つを選んで 400〜500字程度で書いてください（句読点を含む）。

1.
　現在，学生の学力が低下しているという声があります。一方で，社会で求められる知識や能力は時代とともに変わるのだから，学力低下という批判は間違いだという意見もあります。

　これら二つの意見に触れながら，あなたの考えを述べなさい。

2.
　親や先生などの目上の人の意見は大切にすべきです。一方で，若者は新しい知識を持っているのだから，積極的に意見を言ってよいという考え方もあります。

　これら二つの意見に触れながら，あなたの考えを述べなさい。

読解問題
説明

　読解問題は，問題冊子に書かれていることを読んで答えてください。

　選択肢１，２，３，４の中から答えを一つだけ選び，読解の解答欄にマークしてください。

I　下線部「歴史性」の内容として正しいものはどれですか。　　1

　私は「歴史」と「歴史性」という言葉を，ほとんど区別して用いてはいない。なぜなら「歴史」は，私たちの存在のなかでは，つねに「歴史性」として現れてくるからである。

　それはこういうことである。歴史には，その歴史をつくりだした時間の経過がある。たとえば稲作が日本の地に定着していった時間の経緯があり，あるいは江戸時代が崩れていく時間の過程があったように。そして，この時間の経緯には，その時間を存在させた構造がある。社会構造，それぞれの人々の営みや暮らしの構造……，そういった構造的世界のなかで時間は経緯する。

　このような時間の経緯を私たちは歴史と呼んでいる。だから歴史は，時間とともに変容する構造である。

　ところが，私たちが生きる世界のなかでみている歴史はそういうものではない。現在の時間から過去が照射される。江戸の文化とは，とか，かつての共同体では，というようなかたちで私たちが過去を語るとき，時間という構造は破壊され，ひとつの記憶として，過去が照らし出されている。現在と過去の間にある時間という構造が消えているのである。

　こうして，歴史は物語になる。現在の時点で再創造された物語に。この「歴史」を私は「歴史性」と呼ぶ。

（内山節『「里」という思想』新潮社）

1．現在から過去の事象を見ることで創られる物語
2．時間が経過するにつれて文化が成熟した理由
3．歴史とは明確に区別されている現在の物語
4．時間の流れの中で連鎖しながら起きた過去の出来事

Ⅱ　次の文章はボランティアについてのお知らせです。この文章の内容として正しいもの
　　はどれですか。　　　　　　　　　　　　　　　　　　　　　　　　　　　　2

スポーツ大会運営ボランティア募集

　　4年に1度のスポーツ大会でボランティアスタッフとして活躍しませんか？東京文化スポーツ協会では，開会式等のイベント補助スタッフ・通訳者・選手の誘導案内など様々なボランティアを用意しています。ぜひ，自分に合ったボランティアに応募してください。

○応募条件○
・20XX年7月10日までに20歳以上になる方
・集団での行動が可能な方
・人とのコミュニケーションが好きな方
・各種類のボランティアの応募条件を満たす方

○申し込み○
・協会のホームページの「ボランティア募集」の欄から応募してください。ボランティアに関する質問等は電話では受け付けておりません。必ず下記のメールアドレスに氏名・返信先のメールアドレス・質問の内容をご記入のうえ送信してください。
（期限：20XX年1月13日）

○各種ボランティア紹介○
（通訳スタッフ）国が定める検定試験に合格していることが必要です。選手や観客の通訳をしながら案内などをするボランティアです。
（誘導スタッフ）会場へ入場する選手や観客を誘導するボランティアです。他のボランティアの人と連携する能力が必要です。
（補助スタッフ）各会場で人員不足が生じた場合など緊急時にそなえて待機してもらうスタッフです。人員が足りなくなった現場に向かうことが考えられるため，他の種類のスタッフが必要とする能力のうち複数を持っていることが望ましいです。
他にもたくさんの種類のボランティアがあります。ホームページでご確認ください。

東京文化スポーツ協会
Tel:0120-XXXX-123
E-mail:tokyo-sports@XXXX.ac.jp

1．申込時に20歳以上でないとボランティアには申し込めない。

2．誘導スタッフになるためには検定試験に合格する必要がある。

3．応募は協会のホームページの指定の欄から申し込む。

4．応募に関する質問をしたいときには協会に電話をするとよい。

Ⅲ　下線部「同じようなことが，ことばにおいても考えられる」の意味として正しいもの
　　はどれですか。

3

　　人間はひとりでは生きられない。多くの人の中にまじって生きていくのだから，自分勝
手はよろしくない。相手が，よその人が，どう思うかを考えないのは傍若無人のふるまい
になる。幼いこどもなら愛嬌だが，一人前の人間としては，よろしくない。そういう感覚
は自然にそなわるのである。

　　ハダカで生まれたのだから，ハダカでいるのが自然であるなどというのは非常識である
から，着物をきる必要がある。うちにいるときは，普段着でいいが，来客に会うときは，
ちょっと身なりをととのえなくてはいけない。いくら乱暴な人でもパジャマで外出するこ
とはない。よそ行きのものを身につける。改まった席に出るには，もっとしっかりした服
装をしないといけない。

　　同じようなことが，ことばにおいても考えられる。

（外山滋比古『聴覚思考』中央公論新社）

1．ことばには，生まれたときの言葉と普段使う言葉がある。
2．ことばは，多くの人がまじって生きる過程で生まれた。
3．ことばも状況によって使い方を変化させる必要がある。
4．ことばの使い方が適切でないこどもが増加している。

IV　下線部「重要な発見」の内容として最も適当なものはどれですか。　　　4

　　未来を想像するという能力について，ワシントン大学のシュピュナー博士らが重要な発見をしました。シュピュナー博士らは，21人の被験者に未来と過去を思い描いてもらい，脳の活動を記録しました。

　　たとえば「次の誕生日にはどんな企画をするか」や「前回の誕生日には何をしたか」などです。すると，未来を想像する時にだけ活発に活動する脳部位がいくつか見つかりました。特に顕著だった部位が「前運動野」，つまり身体の運動をプログラムする大脳皮質でした。

　　体の動きが未来イメージと関係があるとは，意外な発見です。

　　しかし，改めて考えてみれば，机のペンに手を伸ばす時も，「このように手や腕の関節を駆動させれば取れるはずだ」と，距離や位置関係を（無意識に）予測しながら動かしています。つまり，手足の動きをプログラムすることは，行動の結果を予想することに基づいています。身体運動用に設計された神経回路を，日常的な未来計画にも使い回すとは，なかなか気の利いた進化上の発明です。

（池谷裕二『脳には妙なクセがある』扶桑社）

１．身体を動かすための神経回路が，未来を予測する時にも使われていること
２．未来を想像する時には，脳の前運動野のみが活発にはたらいていること
３．人間が手足を動かす時には，意識的に行動の結果を予測していること
４．頭の中に強く思い浮かべることで，無意識に身体が動くことがあること

Ⅴ　筆者は，コウノトリの復活には，雛を育てて放鳥することの他に，何が不可欠だと考えていますか。　　　　　5

　コウノトリは田んぼでドジョウやカエルなどを餌にしています。ところが，農薬の普及により田んぼから生きものがいなくなり，コウノトリは棲みかを奪われてしまったのです。

　ニッポニア・ニッポンという日本の象徴的な学名を持つトキも，コウノトリと同じような運命をたどった鳥です。

　現在，コウノトリやトキを増殖し，野生復帰させる活動が行われています。

　しかし，単に雛を育てて放鳥するだけでは問題は解決しません。コウノトリやトキが餌をとれるような田んぼを復活させなければならないのです。

　そのため，ドジョウやカエルがたくさんいる田んぼ作りが試みられています。

　生きものがいる田んぼは，私たち人間にとっても魅力的です。そのため，生きものが豊富な田んぼで作ったお米をブランド化する「生きものブランド米」の取り組みが各地で始まっています。生きものの存在は田んぼに新たな価値を与えはじめているのです。

（稲垣栄洋『田んぼの生きもの誌』創森社）

1．田んぼの害虫を駆除する農薬の普及
2．雛に餌として与える生きものの飼育
3．生きものが多く生息できる田んぼ作り
4．ブランド米と関連させた社会啓発活動

VI　下線部「アマチュアの〈踊ることへの欲望〉を満たす機関だけはたっぷりとある」こ
　　とが注目されない理由は何ですか。　　　　　　　　　　　　　　　　　　**6**

　実は社交ダンス人口は案外多い。…（略）…アマチュアが集まるのは社交ダンスだけで
はない。たとえばフラメンコなどさまざまなダンス教室が大人の女性を集めている。バレ
エ教室ともなれば東京周辺だけで二百数十もある。日本には国立の舞踊学校がなく，プロ
の舞踊家を育てる機関に乏しいと言われるけれども，<u>アマチュアの〈踊ることへの欲望〉
を満たす機関だけはたっぷりとある</u>のだ。…（略）…そのことがあまり目につかないのは，
メディアにおける記事や批評がもっぱら〈芸術〉としてのダンスだけを取りあげるからで
ある。アマチュアのダンスを取り上げる場合は，たいてい企業欄か家庭欄で「ここに，こ
んな趣味のサークルが」といった形になる。当然ながら趣味に対して批評はない。趣味は
閉じた内輪のメンバーが満足すればそれでよいものだが，批評は誰に対しても開かれた公
的作品に対して行われるものだからだ。つまりメディアは〈プロ（芸術家）の芸術〉と〈ア
マ（普通人）の趣味〉という対立図式に従って記事を作っているのである。

　　　　　　　　　　　　　　　　　　　（尼ヶ崎彬『ダンス・クリティーク』勁草書房）

１．日本人は踊ることに対する関心が他国に比べて低いから
２．メディアがアマチュアに対して厳しい批評をするから
３．アマチュアサークルであっても，入会するのは難しいから
４．アマチュアの活動をメディアが取りあげることが少ないから

VII　下線部「一見『現実主義』に見える見方のほうが，実は現実を見ていない」と言える
　　　のはなぜですか。　　　　　　　　　　　　　　　　　　　　　　　　　　　7

　　それは理想主義だよ，という人がいます。だって，そんなこと言ったって，現実には戦
争が起こっているじゃないか。格差社会になっているじゃないか。人間同士の憎しみは消
えないじゃないか。いくらそうやって，理想を掲げても，社会はそんなふうにはならない
よ，というのです。
　　しかし，そういった一見「現実主義」に見える見方のほうが，実は現実を見ていないの
です。確かに人類の歴史を見れば，常に戦争があり，差別もあり，暴力がありました。し
かし，そこには常に平和を唱える人たちがいて，差別に反対する人がいて，暴力を何とか
なくしていこうと努力する人たちがいました。そういう人たちがいたからこそ，戦争も差
別も暴力もこの規模で止まってきたのです。理想を持つ人たちの力が，現実を変えてきた
ということを忘れてはいけません。

　　　　　　　　　　　　　　　　　　　　　　　（上田紀行『かけがえのない人間』講談社）

１．現実主義を唱えつつも，心の中では理想的な社会を夢見ているから
２．戦争や格差社会の持つ本当の意味を理解できていないから
３．現実だと思っていることが実は空想だということを知らないから
４．理想を持つ人々が世界に影響を与えてきたことを理解していないから

VIII　次の文章で，筆者が最も言いたいことは何ですか。　　　　　　　 8

　江戸時代の日本は貿易を制限した，いわゆる鎖国状態にあった。ということは，食糧は
もちろん，すべてのものを国内で自給していたということだ。

　現在，日本のエネルギー自給率はわずか四パーセント。「衣食住」というが，食糧自給率
は三九パーセント，住宅建材に必要な木材の自給率は二八パーセント。衣類の自給率に到っ
てはほぼゼロパーセントである。江戸時代の日本は，これらをすべて自給していた。しか
も，このすべてを植物から作り上げていた。

　大名たちが作り上げた国は，まさに「植物国家」だったのである。

　現在，私たちは，エネルギーはもちろん，生活用品，建設資材など暮らしにかかわるあ
りとあらゆるものを，限りある化石燃料から作っている。何億年も前の大昔に作られた石
油などの化石燃料がなければ何もできないのだ。

　一方，江戸時代は必要なものすべてを植物から作っているから，資源は枯渇することな
く，永続的に再生産が可能である。植物ですべてを作り上げた江戸時代の人たちは，はた
して古臭いだろうか。限りある資源を食いつぶしている現代人と比べて，江戸時代の人た
ちを誰が劣っていると言えるのだろうか。

（稲垣栄洋『徳川家の家紋はなぜ三つ葉葵なのか』東洋経済新報社）

1．植物を利用した江戸時代の暮らしに，現代人として学ぶべきことがある。
2．現代人は，化石燃料に依存した生活に慣れてしまっており，鎖国には耐えられない。
3．江戸時代がそうであったように，鎖国状態であっても豊かな暮らしはできる。
4．現代人は資源の輸入ではなく，積極的に輸出することを考えるべきだ。

IX　下線部「正直なケース」とは何を意味していますか。　　　9

　　R氏は遅筆で有名であった。締切りまでに原稿ができたことはない。締切りになってようやく動き出す。編集からやいのやいのと言ってくると，こんどは金しばりの状態になって何もできなくなってしまう。書き始めなければと思えば思うほど一字も書けない。時間だけは流れる。しばらくすると，発熱して気分が悪くなる。起きてはいられなく寝込んでしまう。病気ならしかたがない，と雑誌社の方であきらめる。いずれまたの機会にお願いします，といって引き揚げる。すると熱はぴたりと止まってしまう。原稿性発熱だったのである。

　　人間だれしも遊んでいたいのはやまやまである。働くこと，仕事をするのはつらい。できれば避けたい。いよいよ避けられないとなると仮病ではなくて本当の病気になる。Rさんのような正直なケースは珍しいが，たいていの人が多かれ少なかれ，仕事への抵抗をもっている。その抵抗をどうしてとりのぞくか。それで人生が変ってくる。

　　　　　　　　　　　　（外山滋比古「のばせばのびる、か」『〆切本』左右社）

1．本当の病気にかかったかのように振る舞う。
2．原稿を書けないときは無理をせず諦める。
3．締切間際にならないと原稿を書こうとしない。
4．嫌なことに直面すると病気になる。

X　次の文章で，筆者が述べている「自己実現している人」とは，どのような人ですか。

10

　自己実現している人は,「今自分がしていること」に関心があるから，他人が何をしているかは，あまり気にならない。「今していること」に満足しているから，他人が自分をどう見ているかは気にならない。

「自分は自分，他人は他人」などと，必死になって自分に言い聞かせない。必死になって自分を説得しない。

　自分にそう言い聞かせなくても，自然とそう思えているからである。

　他人が自分よりよくできるかできないかは，問題でなくなる。自分がそれをできるかできないかに関心がいく。

　自分がそれをすることが楽しいか，楽しくないかに関心がいく。他人が自分のことを誉めてくれるか誉めてくれないかに，関心がいかない。

　つまり必死になって「自分は自分，他人は他人」などと自分に思わせているときには，まだ自己実現していない。

　自己実現している人は成長動機で動いているから，他人が自分のことをどう思うかは，重要でなくなる。

（加藤諦三『心が強い人　少し弱い人』三笠書房）

１．自分と他人を，冷静に比較することができる人

２．あえて他人の目を意識することで，成長している人

３．自分のためではなく，世の中のために働いている人

４．物事を判断する基準が，自分の中にある人

XI　次の文章を読んで後の問いに答えなさい。

　　カブトムシのオスは樹液の出るエサ場を縄張りとする。…（略）…

　　角が大きい方が戦いには有利である。強くなければエサもメスも手に入れることができないのが，カブトムシの世界なのである。ところが，実際に調べてみると角の小さなオスもたくさん存在している。

　　一般に，生物の体の大きさというものは，平均的な個体がたくさんいて，平均から離れるにしたがって数が少なくなる。しかし，カブトムシは違う。角の大きな個体と，角の小さな個体が存在し，その中間が少ないのである。これは，どういうことなのだろうか。

　　じつは小さな角のカブトムシには，小さいなりの戦略があるのである。

　　中途半端に角の大きいカブトムシは，他のカブトムシと戦ってしまう。しかし，戦いに勝つことができるのは，大きな角のカブトムシだけである。そのため中間的な角のオスのカブトムシは子孫を残すことができない。

　　一方，小さな角のカブトムシは，大きな角のオスと戦うようなことはできない。そこで「ずらす戦略」を選んでいる。

　　カブトムシのオスは明け方近くに活動をする。ところが，角の小さなオスは，真夜中から活動を始める。こうして，まだ他のオスが眠っているうちに，エサもメスも手に入れてしまう作戦なのである。そのため，小さな角のオスはしっかりと子孫を残し，小さな角の遺伝子は受け継がれるのである。

（稲垣栄洋『弱者の戦略』新潮社）

問1　角の小さなカブトムシがエサを入手する戦略として，正しいものはどれですか。

11

1．他のカブトムシと激しく戦う。

2．他のカブトムシのいないエサ場を探す。

3．他のカブトムシがいない時間帯に活動する。

4．他のカブトムシから分けてもらう。

問2　この文章の内容と合っているものはどれですか。

12

1．一般的に，平均的な個体はどんな生物でも子孫を残すことができない。

2．角のサイズが平均的な大きさのカブトムシの個体数が最も多い。

3．カブトムシは角が大きければ大きいほど，活動時間が短くなる傾向にある。

4．カブトムシは角の大小によって，生存や繁殖の戦略が異なる。

XII　次の文章を読んで後の問いに答えなさい。

　　情報のデジタル化はますます進行し，個人の監視もますます強化されていくことは確実
であろう。監視社会を和（やわ）らげるのは情報の公開だから，情報の秘匿と公開の二つの拮抗（きっこう）す
る力の対立となっていくと想像される。私たちは情報を選択する技術を身につけねばなら
ず，それを基礎にした創造に勤（いそ）しまねばならない。情報追従では何も生み出すことができ
ないからだ。デジタルデバイドによる情報取得の強者と弱者との格差が拡大してく可能性
が高い。どんどん進化する＊ICT技術についてゆけず落ちこぼれていく人間も多数出現す
るようになる危険性も高い。果たして，(1)そのような状況になったとき社会の意志の確立
はいかなる人間が担うようになるのであろうか。それとも考えにくいことだが，ICT技術
の進化は一定のレベルで止まり，人間が追いつくのを待つようになるのであろうか。

　　いずれにせよ，デジタル社会がますます進行していくなかで人間の分断が起きるのは確
実だろう。いっそう進展させようとする者と押し留めようとする者の対立である。それは
科学の行く末を象徴しているのかもしれない。あくまで新規性を追究したいと望む人間と，
ある段階で打ち止めにすべきと願う人間の相克である。私はそのような対立・相克がある
社会ほど健全であると思ってはいるけれども，後世のことを考えず新規性のみを安易に求
める社会であってはならないと思ってもいる。それは(2)現在の私たちが犯していることで
あると言われそうだが。

（池内了『ねえ君、不思議だと思いませんか？』而立書房）

　＊ICT技術：コンピューターを使った，情報処理や通信技術

問1　下線部(1)「そのような状況」とはどのような状況ですか。　　13

1．コンピューターの知識について格差が大きくなる状況

2．個人に対する監視がさらに強化されていく状況

3．科学の発展について意見が分かれている状況

4．社会の意志の確立が一部の人間に独占されている状況

問2　下線部(2)「現在の私たちが犯していること」とは，どのようなことですか。　　14

1．新しい技術によって人間の分断を拡大させていること

2．新しい技術の発展を押しとどめようとすること

3．新しい技術を追究するだけで影響などを考えないこと

4．新しい技術について社会の中で意見が対立すること

XIII　次の文章を読んで後の問いに答えなさい。

　春になっていち早く活動を開始する昆虫はアブである。アブには黄色を好む性質がある。そのため，早春に咲く花は，黄色い花を咲かせてアブを呼び寄せようとしているのだ。

　ただし，アブには欠点がある。ミツバチは花の種類を覚えていて，同じ種類の花々に飛んでまわって蜜を集める。これは花にとっては都合がいい。苦労して虫を呼び寄せて虫の体につけた花粉は，同じ種類の花に運んでもらわなければ意味がないのだ。

　（　Ａ　），アブはあまり頭のいい昆虫ではないので節操なくさまざまな花を飛びまわってしまう。このため，やっと花を訪れてきたアブにせっかく花粉をつけても，まったく別の種類の花に運ばれてしまう危険があるのだ。

　それだけではない。ミツバチが四枚の翅を持ち，花粉を遠くへ運ぶ能力を持っているのに対して，翅が二枚のアブは，小回り旋回するのは得意だが，遠くまで飛ぶことができない。

　そこで，春に咲く黄色い花は一面に咲くことを考えた。まとまって一面に咲いていれば，アブは遠くへ行くことなく近くにある花を飛んでまわるから，同じ種類の花のまわりを飛ぶことになる。そのため春に咲く黄色い花は群生して，春のお花畑を作るのである。

　＊ジシバリも同じである。ジシバリも地面の上に茎を這わせて群生し，黄色い花のお花畑を作る。一面に咲くジシバリの花は美しい。

（稲垣栄洋『残しておきたいふるさとの野草』地人書館）

　＊ジシバリ：４月から７月に咲くキク科の花

問1　（　Ａ　）に入るものとして最も適当なものはどれですか。　　　　　15

1．つまり
2．だから
3．もちろん
4．ところが

問2　春に黄色い花が一面に咲くのはなぜですか。　　　　　16

1．春になっていち早く活動するミツバチを呼び寄せるため
2．アブに同じ種類の花に花粉を運んでもらう確率を上げるため
3．アブに遠くに咲く花にまで花粉を運んでもらうため
4．ミツバチと違いアブは同じ種類の花の周りを飛ぶため

XIV　次の文章を読んで後の問いに答えなさい。

　映画という芸術ジャンルができた頃から，今日のいわゆる特撮技術と呼ばれるような編集上の工夫が見られました。映画を論じるにあたっては，この工夫の役割がとても重要です。最初期の映画には，砲弾型のロケットを打ち上げ，人間の顔のかたちをした月面に命中させる，といった奇抜な描写が見られました。初めて観た人は<u>驚いたことでしょう</u>。特撮映画の中で破壊される街を見た観客が，現実の建物が無事なのかどうか，わざわざ現地まで確かめに行った，という逸話も残っています。現在では，コンピューターを使った作画の技術が上がったこともあり，そのような架空の風景をまったくの無から創造することもできます。

　フィクションを交えた映画の中で描かれる内容は，客観的な事実ではありません。しかし，だからと言って，それらが嘘や偽りを映し出しているのかと言えば，そうとも言い切れません。そこに面白さがあるのです。古来，人間は，大自然のさまざまな現象のうちに神話の英雄や神々の姿を見出してきました。近年でもなお，昔話や小説の中で，虚構のストーリーが語られています。それらは，〝今，ここ〟に実在するわけではない出来事を語る行為を通じて，ものごとの背後にある真理や，形容しがたい善なるもの，あるいは，自然界には存在しない美しいものを表していると言えるのです。

問1　下線部「驚いたことでしょう」とありますが，観客は何に驚いたのですか。　17

1．映画のストーリーの繊細さ

2．非現実的な画面描写

3．内包されたメッセージ

4．コンピューターの進歩

問2　筆者が言うフィクションの役割として適当なものはどれですか。　18

1．客観的な事実を精巧に再現する役割

2．嘘や偽りの巧みさによって人々を魅了する役割

3．ものごとの背後にある真，善，美を表す役割

4．コンピューターの作画技術を向上させる役割

XV　次の文章を読んで後の問いに答えなさい。

　オオバコは踏まれに強い構造を持っている。

　オオバコの葉は，とても柔らかい。硬い葉は，踏まれた衝撃で傷つきやすいが，オオバコは，柔らかい葉で衝撃を吸収するようになっているのである。しかし，柔らかいだけの葉では，踏まれたときにちぎれてしまう。そこで，オオバコは葉の中に硬い筋を持っている。このように，柔らかさと硬さを併せ持っているところが，オオバコが踏まれに強い秘密である。

　茎は，葉とは逆に外側が硬くなかなか切れない。しかし，茎の内側は柔らかいスポンジ状になっていて，とてもしなやかである。…（略）…

　オオバコのすごいところは，踏まれに対して強いというだけではない。

　オオバコの種子は，雨などの水に濡れると，ゼリー状の粘着液を出して膨張する。そして，人間の靴や動物の足にくっついて，種子が運ばれるようになっているのである。…（略）…タンポポが風に乗せて種子を運ぶように，オオバコは踏まれることで種子を運ぶのである。

　よく，道に沿ってどこまでもオオバコが生えている様子を見かけるが，それは，種子が車のタイヤなどについて広がっているからなのだ。

　こうなると，オオバコにとって踏まれることは，耐えることでも克服すべきことでもない。もはや踏まれないと困るくらいまでに，踏まれることを利用しているのである。

（稲垣栄洋『植物はなぜ動かないのか　弱くて強い植物の話』筑摩書房）

オオバコ

問1　オオバコの説明として，あてはまるものはどれですか。　　　19

1．葉や茎は，内側と外側の強度の違いによって踏まれることに強くなっている。
2．茎の外側は硬く，葉の中には硬い筋が入っているため虫に食べられにくい。
3．ゼリー状の粘着物質を出すことで，種子が傷つかないようになっている。
4．種子は踏まれやすいようになっているが，葉は食べられやすいようになっている。

問2　オオバコはどのようにして種子を運びますか。　　　20

1．滑らかな液体で種子を覆い，滑りやすくする。
2．天敵の昆虫に花ごと食べさせる。
3．人間や動物が踏んだ足の裏に付着する。
4．強い風によって空気中にちらばる。

XVI　次の文章を読んで後の問いに答えなさい。

　エネルギー問題は，先進諸国すべてが抱えている問題で，その確保は死活問題です。なぜなら，エネルギーが経済のすべてのベースとなっているからです。どんどんエネルギーを増やして，科学技術を駆使して経済活動をする。そういうことをつづけないと，経済が成長していかない。

　途中に介在する人間や工場，輸送，それ以外にもたくさんのプロセスがあるので，経済とエネルギーの関係ははっきりとは見えません。実際，単純な比例関係ではありませんが，エネルギーの消費量と経済の伸びは，関数関係にあります。ようするに，エネルギーが足りなくなれば経済はまわらなくなる，ということです。なぜなら，人力でできることしかできなくなるからです。

　だからこそ，先進諸国にとってエネルギーの確保は，食糧の確保などとともに，死活問題なわけです。そして，ご存じのように，エネルギーと科学技術は切っても切れない状況にある。

　ですから，資本主義社会とは，エネルギーを使って活動した結果として生じたお金をやり取りしているともいえるわけです。経済が（実質的な）成長をつづけられる根本的な理由は，人間が地球に眠っていたエネルギーを掘り起こして，消費しつづけるからです。経済だけがエネルギーや科学技術と切り離されて成長することは（　Ａ　）です。

（竹内薫『科学予測は８割はずれる』東京書籍）

問1　筆者は，エネルギーが経済のすべてのベースとなっている理由は何だと考えていますか。 21

1．エネルギーを使用して作成した物が経済を動かしているから
2．エネルギーをめぐって多くの国々が問題を共有しているから
3．エネルギーを作り出すために経済が必要だから
4．経済とエネルギーの関係をはっきりと見ることができないから

問2　（　A　）に入るものとして最も適当なものはどれですか。 22

1．目的
2．不可能
3．理想
4．原因

XVII　次の文章を読んで後の問いに答えなさい。

「ものごとは努力によって解決しない」というのは，私の好きな言葉である。

　子どものためにできる限りの努力をした，などという人に会うと，この人は，解決するはずのない努力をし続けることによって，何かの免罪符にしているのではないか，と思わされることがある。それは，何の努力もしないで，ただそこにいる，ということが恐ろしいばかりに，努力のなかに逃げこんでいるのではないか，と感じられるのである。努力などせずに，子どものために父として母として，そこにいること，これは凄く（　Ａ　）ことだ。それよりは，飛行機に乗って偉い先生を訪ねて行く方がよほど楽である。

　…（略）…

　*頭書の言葉が随分と好きになったので，よく口走っていたら，「それにしては，あなたはよく努力するじゃないの」と言われたことがある。それに対して，私は「努力によってものごとは解決しない，とよくわかっているのだけど，私には努力ぐらいしかすることがないので，やらせて頂いている」と答えたことがある。他にすることがないのでやっているが，別に解決を確信しているのではないのだ。

　努力によってものごとは解決しない，と知って，一切の努力を放棄して平静でいられる人は，これは素晴らしくて，何の言うこともない。努力とか解決とかいう次元は，この人にとって関心事ではない。しかし，われわれ凡人は，努力を放棄して平静でなど居られない。いらいらしたり，そわそわしたり近所迷惑なことである。そんな状態に陥るくらいなら，努力でもしている方が，まだしもましである。それにひょっとして解決でも訪れてきたら，嬉しさこの上なしである。こう考えて，まあ努力でもさせて頂こうかとやっていると，解決が簡単に訪れないからといって，怒る気も嘆く気も起こってこない。

（河合隼雄『こころの処方箋』新潮社）

　*頭書の：ここでは「ものごとは努力によって解決しない」を指す

問1　（　A　）に入る言葉として，最も適当なものはどれですか。　　[23]

1．難しい
2．恐ろしい
3．好ましい
4．嬉しい

問2　筆者が努力をする理由として，最も適当なものはどれですか。　　[24]

1．努力こそが解決への唯一の方法だと信じているから
2．努力から逃げることは許されないと考えているから
3．努力をすることで心の均衡を保つことができるから
4．努力をしないことは近所迷惑になると考えているから

問3　この文章で筆者が最も言いたいことはどれですか。　　[25]

1．努力をしても，ものごとは絶対に解決することはない。
2．一切の努力を放棄すると平静な気持ちになれる。
3．努力をしたからものごとが解決すると考えない方がよい。
4．偉い先生を訪ねて話を聞いてもものごとは解決しない。

第10回の問題はこれで終わりです。

解答・解説はp.350を参照してください。

解答・解説

日 本 語　記 述　解 答 用 紙

テーマの番号 Theme No.	1	2

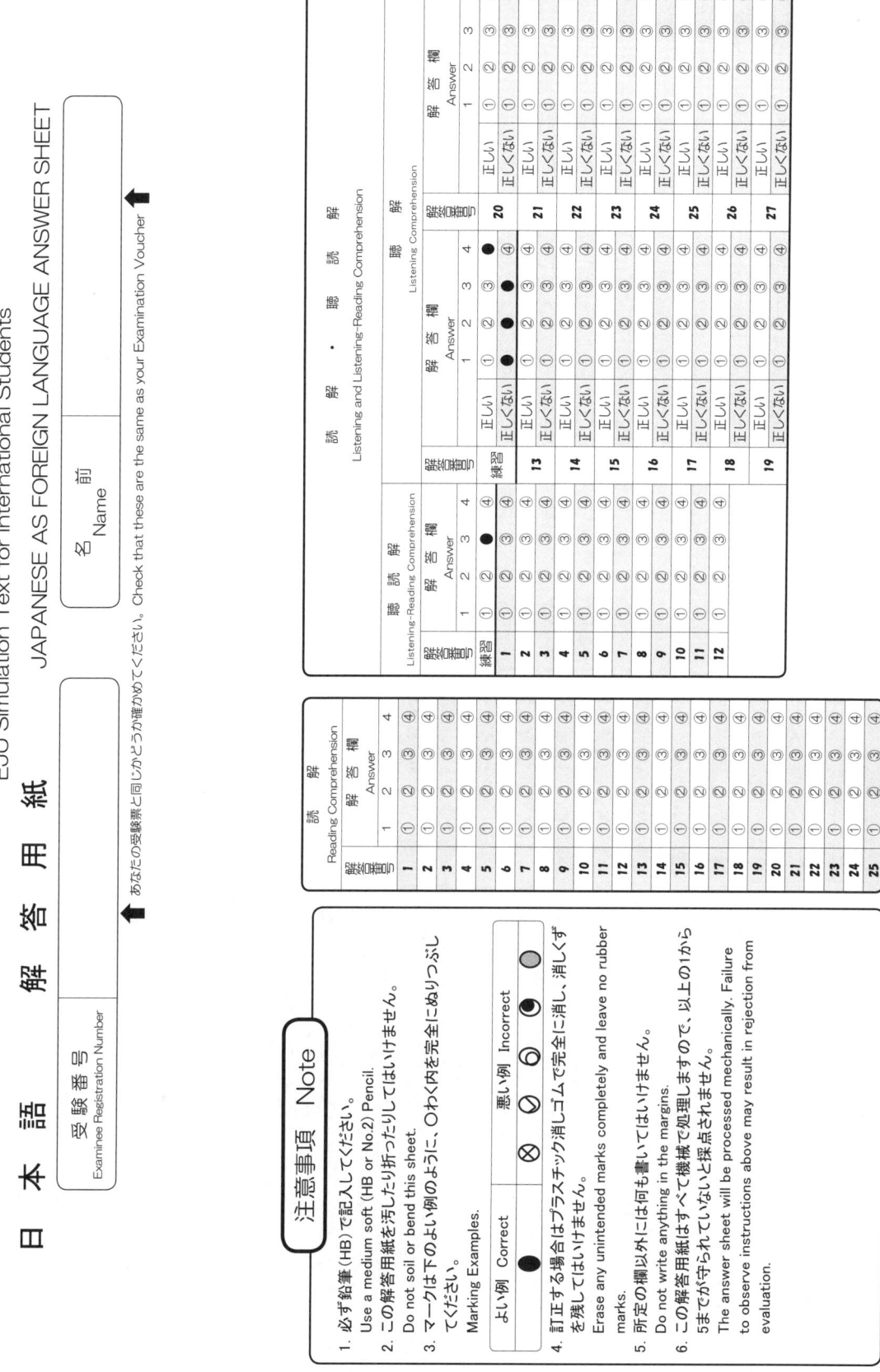

　私の考えとしては、自分の能力を高め、自立した生き方をすることが、社会の中で生活する上での基本である。

　人間は、成長するにつれて、独立して生活を営む主体としての役割を担う。職業選択は本人の自由だが、それぞれの職責を通じて社会に貢献することが求められるようになる。したがって、まずは自分自身の能力を伸ばすことで、社会に貢献する機会を増やすことが大事である。他者との協力や支え合いは大事だが、自分の能力や軸が不十分な状態では他者に負担を強いることになり、共倒れになってしまう。自己の能力を育むことと他者と協力して生きることは、実は表裏一体の事柄である。私自身の立場としては、大学で学び、知識と技術を修得して立派な職業人を目指すことを通じて、社会を支える人材になりたいと考える。

　ただし、心身に障害のある人をはじめ、自立した生活を送ることが困難な人もいる。そのような人たちを支えることは、成熟した豊かな社会において当然の義務である。すべての人が幸福に暮らせる社会を作る上で、働くことのできる人は、積極的に自己の能力を高めるべきだと考える。

　私は、国際的なボランティア活動に参加するほうがよいと考える。その理由は、ボランティア活動を通して、異文化交流や言語能力の習得ができるからである。

　ボランティア活動の意義は、第一には、特定の地域の社会的な課題を解決することである。ゆえに、海外に行くよりも、まずは自分自身にとって身近な場所でボランティアに取り組むべきだ、という意見にも納得できる。ただし、ボランティアに参加することの意義は、それだけではない。家族や学校、職場といったコミュニティでは出会えない人々と交流し、共に課題に取り組むという貴重な体験でもあるのだ。特に、海外の地で奮闘する中で培った友人関係は、生涯にわたって財産となるだろう。そのような関係性を通じて、短期的な社会問題の解決だけでなく、次の時代を見据えた中長期的な目標のもとで活動していくことができるようになる。

　以上の理由により、私は、異文化圏の人々と交流し、仲間と協力しながら社会問題に取り組むことの重要性を踏まえて、海外でボランティアに参加することが有意義であると考える。

解答・解説

第1回 実戦問題

読解問題　解答・解説

問	解答番号	正解	問		解答番号	正解
I	1	3	XI	問1	11	3
II	2	4		問2	12	1
III	3	4	XII	問1	13	1
IV	4	3		問2	14	4
V	5	2	XIII	問1	15	3
VI	6	3		問2	16	2
VII	7	2	XIV	問1	17	1
VIII	8	3		問2	18	1
IX	9	1	XV	問1	19	3
X	10	4		問2	20	4
			XVI	問1	21	3
				問2	22	3
			XVII	問1	23	3
				問2	24	4
				問3	25	1

I
「人間はひとりずつ人が死んでいく事象に関しては，あまり危険を感じない。怖さを感じない」が「一度に多くの人が死ぬであろうことに関しては，ものすごく怖がる」とあるので，3が正解である。

II
1．× 自習室だけではなく「学生証は定期試験を受ける際や図書館を利用する際に必要」とある。
2．× 「新入生には，新入生説明会の時に各教室で学生証を配布」とある。
3．× 「他者に記入してもらった場合，その学生証は使用できません」とある。
4．○ 「氏名の記入が行われた後，確認事項に誤りが発見された場合も再発行料がかかります」とある。

III
筆者の考える「気の利いたコメント」とは「自分の認識をしっかりと述べ」「自分の価値判断や今後の態度を明確に表明すること」とある。また，「人の心に残る自分なりの言葉を練り上げ，独自性のあるコメントとして発することが必要」とあるので4が正解である。本文には「気の利いたコメント」によって「出来事への理解の深さや思考のユニークさが明らかに」なるとあるが，「ユニークな表現を」用いるとは書かれていないので2は不適である。

IV
1．× このような記述はなされていない。
2．× 「アルファベットは単に表音機能しか持っていないが，漢字はさらに表意機能も持っている」と書かれている。
3．○ 「漢字に対応するものはアルファベットではなく，アルファベットから形成された言葉，つまり語彙である」と書かれている。
4．× 「難しさは同じである」と書かれている。

V
「タネツケバナは，花が咲き終わるとたくさん種をつけるので『種付け花』だと思われがちですが，本当は，イネの種モミを水に浸ける頃に咲く『種浸け花』に由来しています」とあるので，2が正解である。

VI
「西洋では『すすむ』時間の感覚が強く，時間とともに成長し発展することを当然としてきた。他方，東洋では『めぐる』時間を大事にする気質が勝り，同じことを繰り返しながら年月を重ねていくこと，つまり『循環』という考え方が重要だとしてきた」とあるので3が正解である。

VII
一般的に「面喰い」とは顔だちの良い人を好むことだが，ここで「川崎さんは面喰いではなかった」と書かれているのは，川崎さんが表面上だけ美しいものを良いとするのではなく，「〝正直〟な推薦状」つまり，学生の欠点についてもきちんと書かれた推薦状を書いたことを指していると考える。したがって2が正解である。

VIII
1．× 「恐怖の表情を作ると，それだけで，視野が広がり，眼球の動きが速ま」るが，「嫌悪の表情を作ると，まったく逆に，視野が狭くなり，鼻腔が狭まり，知覚が低下しました」と書かれている。
2．× 「恐怖と嫌悪は，同じ『負』の感情であるものの，表情としては対照的です。筋肉の使い方が正反対なのです」と書かれている。
3．○ 「ただ恐怖や嫌悪を感じているフリをするだけ」で，身体に変化が現れたことが書かれている。
4．× 選択肢2.の解説を参照。

IX
「人は自分に自信があれば，あまり傷つかない」ので

— 316 —

あり，「自信こそが，人生での様々なストレスを和らげ，人生に安らぎを与えてくれる」とあるので1が正解である。2，3は本文にない内容，4は本文と逆の内容になっているので不適である。

X

芥川は「数学や物理の嫌いな人が文学をやっても仕方がない」と言い，筆者も「数学や物理について『俺の仕事にはまったく関係ない』という態度では，文学をはじめどんな分野のことでもしっかりとは身につかないと思う」と芥川に賛成しているので4が正解である。

XI

問1 「そのことを口に出さずに進めたら」「結局アクションを起こさずに終わってしまう」。「いろいろ考えてすっかりあなたは疲れてしまっているのに，上司は何も知らない」とあるので，3が正解である。

問2 筆者はまず，「有効なのが，まず声に出してみることだ」と述べ，その結果を「あなたの行動力は，企画書の内容うんぬんの前に，上司にインパクトと，いい印象を与える」と高く評価している。その後，比較として問1の内容を挙げている。よって1が正解である。

XII

問1 （A）の前には「食事とは他の生命を摂取すること」とあり，後ろには「自分のために犠牲になる生命への感謝が必要になる」とあるので，（A）には因果関係を表す接続語が入る。よって1が正解である。

問2 「静かに，厳粛に食べることを基本にしている」のは「食事とは他の生命を摂取すること」であり「自分のために犠牲になる生命への感謝が必要になる」ためだと書かれているので4が正解である。

XIII

問1 「常にコミュニケーションしている状態が持続」することで，「自分自身に向き合ったり，自分自身を掘り下げたりする作業が疎かに」なり，また「なかなか自分の人間性を深めることができ」ないと筆者は危惧しているので，3が正解である。

問2 「水平的コミュニケーション」では「なかなか自分の人間性を深めることができ」ないが「読書によって得た情報や思考を，咀嚼し，自分の中で再構築していく」ことで「個々人の人間性に深み（奥行き）を培っていくことに」なるとあるので2が正解である。

XIV

問1 「イグサの茎は外側は硬いが，中はやわらかいスポンジ状になって」いるため「適度な弾力性と，吸湿性」があると述べられており1が正解である。4は本文の内容ではあるがイグサの吸湿性が高い理由では

ない。

問2 「イグサの葉は退化していて，茎の根もとで茎を包む葉鞘になっている」一方で，「一般の植物では苞は小さく退化しているが，イグサは発達していて茎と同じように細く長く伸びている」とあるので，1が正解である。花の上の部分は「苞と呼ばれる花を包む葉」とあるので，2は不適である。

XV

問1 ヨーロッパの国々は，「数百年の蓄積」がある「森のような社会」であると筆者は表現している。つまり，「森のような社会」はしっかりとした地盤のある社会だといえるので，3が正解である。

問2 「社会は草原のまま」な理由は，「住まいという，もっともお金のかかる生活の基盤が，20〜30年ごとにゼロにもどってしまう」，つまり「20〜30年の周期で家を建てかえている」とあるので4が正解である。

XVI

問1 言い換えの表現「つまり」に注目すると，「多チャンネル」とは「五感を総動員する」ことであり，「リハーサル」とは「反復」することである。すなわち，複数の感覚を使って，繰り返し行うことを指しているので，見るという視覚と書くという触覚を使う作業を繰り返し行う3が正解である。

問2

1．× 「五感を総動員する」と書いてある。

2．× 「しだいに間隔をおくようにする」とある。

3．○ リハーサル（反復）することで「短期記憶から長期記憶に送り込むことができる」と書かれている。

4．× このような記述はなされていない。

XVII

問1 「全温度」で使える洗剤は，「アメリカでは大ヒットした」が，日本では「水道の水をそのまま使うのが普通」で「全温度」で使えることはメリットとはならず，売れ行きはあまり良くなかった，ということなので3が正解である。

問2 アメリカ留学時に「洗濯機に温度調整のダイアルが付いていて，洗濯物の種類によって設定する水温をその都度切り替えるようになっている」，「洗剤もそれぞれの温度に合ったものを使うのがふつう」ということに気がついたとあるので4が正解である。

問3 「どんな温度でもきれいに洗える」コマーシャルを制作したアメリカの会社の人は，日本では「洗濯は水道の水をそのまま使うのが普通」ということを知らず，アメリカの常識でコマーシャルを制作したという内容である。つまり，国によって常識は異なるということが書かれているので1が正解である。

第2回　実戦問題　　記述問題1　解答例

　私自身の考えとしては、高齢者の生活を支える責任は、国や自治体にある。
　現在、私の生まれ育った国では、少子高齢化が進行している。高齢になった親の生活は家族が支えるという考え方は、家族の絆を信じた良い考え方には違いないが、子供の数が少ない状態では困難である。子供世代は働いて家計を支えねばならず、高齢者を支えるのには限界がある。親の介護のために子供が仕事を辞め、家族が経済的に困窮したり、世話に疲れた子供が親を虐待してしまったりというニュースもある。また、家族によって考え方や状況が違い、高齢者を支える体制にばらつきがあるのも大きな問題である。助けを必要としている人は皆、公平に、安定的に手助けを受けられるべきであり、それが福祉の本来のかたちではないだろうか。家庭環境などの特定の条件に左右されてはならない。
　以上のように、家族で支えることの困難さや福祉のあるべき姿を考えると、国や自治体が高齢者の生活を支えるべきである。社会全体の負担、特に若い世代の負担を考慮して、できるだけ世代間の不公平を是正しながら、社会保障の仕組みを整備していかなければならない。

　私は、高齢者や障害のある人をサポートする上で、できる限り本人の自立性や自尊心を尊重することが重要だと考える。

　サポートする側の積極的な気持ちは大事である。しかし、たとえサポートする側は善意でやっていても、サポートされる側が望んでいないことを押しつけてしまえば、両者の間に心理的な距離を生じさせてしまう可能性がある。また、日常生活の簡単な動作を自分でできなくなっていることに、高齢者や障害のある人自身が傷ついている可能性もある。そのような場合、サポートする側が一方的な思いで行動してしまうと、本人の気持ちをますます傷つけてしまう。

　たとえ日常生活に不自由を感じている人であっても、自分の意思で、自分自身の望んだ生活を送りたいものだと私は思う。例えば、足の悪い人の買い物を代行するのもよいが、本人が望むならば、自分で立ち、歩き、買い物をするという日常行為を傍にいて手助けするほうがいい。社会生活を送れるという自尊心を尊重し、本人の意思を実現する手助けをすることこそが本当のサポートであると私は考える。

第 **2** 回　実戦問題　　　読解問題　解答・解説

問	解答番号	正解	問		解答番号	正解
I	1	**3**	XI	問1	11	**1**
II	2	**1**		問2	12	**3**
III	3	**4**	XII	問1	13	**4**
IV	4	**2**		問2	14	**2**
V	5	**3**	XIII	問1	15	**1**
VI	6	**1**		問2	16	**3**
VII	7	**4**	XIV	問1	17	**2**
VIII	8	**4**		問2	18	**4**
IX	9	**3**	XV	問1	19	**2**
X	10	**2**		問2	20	**1**
			XVI	問1	21	**2**
				問2	22	**4**
			XVII	問1	23	**2**
				問2	24	**1**
				問3	25	**3**

I

1．×　スピーカーでさえずりを流しても、「なわばりは、他の雄によって占有され」たとある。
2．×　「笛の音がするだけの区画には」「新しい雄たちが入り込んでなわばりを乗っ取っ」たとある。
3．○　「本人がいないことが明らかになった」ら「他の雄によって占有され」たということは、鳥が実際にいるなわばりには他の鳥は入らないということである。
4．×　選択肢1.の解説を参照。

II

応募方法として最初に記載されているのは「協会のホームページから『企画書』をダウンロード」だが、注意事項に「企画書をダウンロードする前に、学生証の写真を協会のホームページ上でアップロードする必要があります」とある。よって正解は1である。

III

「奴隷制がない世界は、知的な営みに時間を割くことができ」ないが、「ギリシアは」「奴隷制を確立し」「雑事から解放されたがゆえに、市民は知的な活動をする時間ができた」とあるので4が正解である。

IV

「その」の内容は前の段落の「外界に出て行った」ことであり、これは「アフリカ大陸から陸地を伝って新

しい世界へ進出した」ことを指すので2が正解である。1の「森からサバンナに進出した」は例にすぎない。3は下線部の原因であり指している内容ではない。

V

筆者は「相手の親しいもので、それに似たものを考え出し、あれのようなものだと言うのが一番いい」と言い、例として「昔パスポートなしで税関を通りぬけようとしている話」をあげているので、3が正解である。「パスポート」や「税関」は国を問わず存在するので、2よりも3のほうが答えとしてふさわしい。

VI

下線部の「こういう」は「ワンマン社長」が『社長解任』の動議が出さ」れ、「なぜだ！」と叫ぶことを指す。「この叫びは、安定していたはずの世界の秩序が一瞬にして崩れさり、彼には理解できないものに」なったことを示し、「彼の内面のパニックがこの事件を劇的にしている」とあるので1が正解である。

VII

1．×　「自分の中の原則は持ち」とある。
2．×　このような記述はなされていない。
3．×　「現実問題に左右され」ないことで「自分の中の原則」を確立できるとは書かれていない。
4．○　「原則は持ち」「現実を生きていく上では原則を修正しながら臨機応変に生きていく」とある。

VIII

下線部「それ」を「徹底すると、全員のプレゼンがものすごく理解しやすく」なり「本人が一番工夫をしたところから入るので、無駄な前置きもなくな」るとあるので「それ」は前段落の、プレゼンテーションのとき「自分が最もエネルギーをかけたアイデアからまず発表する」を指している。よって4が正解である。

IX

実験は「進学と落第がかかる期末試験」の前に「試験への不安を書き出す」というものだった。その結果「緊張感がほぐれて、10％ほど点数が向上し」たとあるので、3が正解である。「試験に関係ないことを書くのでは効果がなかった」とあるので2は不適。

X

1．×　欧米の教育に倣ったとは書かれているが「目のことば」を重視したからであるとは書かれていない。

2．○　日本は「言と文は別であり，文の方が言より
も上位であるというのが当たり前」だったとある。
3．×　「ことばの教育は家庭でするものときまって」
いたのは「就学まで」と書かれている。
4．×　このような記述はなされていない。

XI
問1　ササユリは「スズメガに花粉を運ばせている。
夕方になると香りが強くなるのは，そのスズメガが夕
方から夜にかけて活動するため」とあるので1が正解
である。
問2
　a．○　「ササユリの淡いピンク色も，暗いところで
目立たせるためである」とある。
　b．×　「花粉を運ばせるために，美しい花びらと芳
香で昆虫を呼び寄せている」のであり，人間ではない。
　c．×　「花の奥から蜜を吸う」とある。
　d．○　「スズメガの体に花粉をつけるために，ササ
ユリは雄しべや雌しべを花の前面に長く突き出してい
る」とある。
よって3が正解である。

XII
問1　(A)の前に「文化も」「それぞれの生態条件の
なかで，ある範囲の人々に共有され，改変され，蓄積
されて，いま見るような多様な文化が生みだされた」
とあり，(A)の後に「身体特徴とヒトの文化」が「相
互に影響しあって長いあいだに作りあげられた」とあ
るので，(A)には前に理由，後に結論を示す因果関係
を指す接続語が入る。よって正解は4である。
問2　「ヒトの自然の側面である身体特徴とヒトの文
化」は「相互に影響しあって長いあいだに作りあげら
れたもの」であり「そのようなヒトにおける自然と文
化をつなぐ役割を果たしているのが」「身体技法」で
ある。よって2が正解である。この部分は「ヒトの自
然の側面である身体特徴」＝「ヒトにおける自然」，「ヒ
トの文化」＝「（ヒトにおける）文化」という関係。

XIII
問1　「威嚇する場合には低く帯域の広い音を出し」
たり「恐怖を感じると甲高く震えた声にな」るなど多
くの脊椎動物は「いろいろな発声」をする。これに
「情動音響規則」と名付けた。よって正解は1である。
問2　脊椎動物は「発声パターン（発声の基本周波数
や発声頻度）から相手の情動状態を推測することがで
きる」とある。したがって，正解は3である。

XIV
問1　「サーブのときの手首の動きが手続き記憶とし
て刻まれることで，投球時の手首の返し方に関する手

続き記憶が微妙に乱された」とあり，2が正解である。
問2　本文は「干渉説」＝「新たな情報入力に干渉さ
れて，以前に記憶されていた事柄が忘却されたり混乱
したりする」ことについての文章である。この「干渉
説」について「記憶が混乱してしまうというのは，似
たような内容を記憶する際にしばしば起こる」と書か
れているので，4が正解である。

XV
問1　筆者は「自然現象から季節を判断」すれば「気
候に合わせて農作業を行うことができる」ので理にか
なうと肯定的にとらえている。反対に「年によって暑
い年や寒い年があるのに，毎年決まって同じ日に衣替
えする」のは，理にかなわないととらえていると思わ
れるので2が正解である。
問2　江戸時代に使われた「太陰暦」では，「同じ月
日でも，年によって時期がずれ」るため「暦によって
ではなく，山の残雪や草花の咲く時期によって季節を
読み取」っていたとあるので，1が正解である。

XVI
問1　「それら」を「駆使して方向を見定めながら」
「飛行を続けると，目的地に着ける」とあるので「そ
れら」は直前の「いくつかのコンパス」を指すとわか
る。「コンパス」とは，渡り鳥が目的地の方向を知る
ために身につけているものなので2が正解である。
問2　渡り鳥は「太陽の偏光面を利用した太陽コンパ
ス，特定の星や星座の位置による星座コンパス，そ
して地磁気」を利用して目的地の方角を知ることが書
かれているので4が正解である。1〜3は本文の一部
分の内容にしか触れていないため不適。

XVII
問1　「説教で語られる話が」「『よい』話には違いな
い」ため，「話していると，いかにも自分が素晴らし
い人間であるかのような錯覚も起こってくるので，な
かなか止められない」とあるので，2が正解である。
問2
1．○　「説教を効果的にしようと思うなら，短くす
ることを工夫しなくてはならない」とある。
2．×　「説教というものが，説教する人の精神衛生
上，大いに役立つものである」とあるので不適。
3．×　説教は「繰り返し同じことを言わない，と心
に決めておく」方が「効果があがる」とある。
4．×　このような記述はなされていない。
問3　説教がなくならないのは，説教が「説教する人
の精神衛生上，大いに役立つもの」，つまり「欲求不
満がたまってくると，そのはけ口として」説教をする
ということなので3が正解である。

第3回　実戦問題　　記述問題1　解答例

　スマートフォンやタブレットなどの端末を利用することで、文書や音声、映像などのコンテンツを手軽に送受信することが可能になる。教育のデジタル化は、こういった電子機器を活用して、紙の教科書ではできない新しい取り組みを実現するものだ。たとえば、授業中にアンケート機能を用いることで、教室の学生全員の意見を聞くことができる。これは、教員が一人一人の学生に配慮する上で有意義である。一方、学生側のメリットとしては、学習アプリの利用により、課題の提出が簡単になる。また、辞書機能で気軽に調べることができるなど、教育のデジタル化は、多くの可能性を秘めている。

　しかし、良くないこともある。一例として、電子機器の操作に慣れているかどうかで、学習の進度にばらつきが出てしまうことが挙げられる。機器の使用に関しては、しっかりとサポート体制を整えることが学校側に求められるだろう。

　以上のように、教育のデジタル化には、良い点と悪い点の両方がある。私としては、時代の流れに従い、デジタル化を推進すべきだと思う。そのためにも、新しい電子機器を十分に活用できるような環境づくりが不可欠だ。

　若者の自由なファッションには、自分らしさや個性を表す上で良い点がある。服装は、体温を調節し、季節による気候や天気の変化に対応するためのものだが、同時に、それを着ている人の好みを表すという側面もある。大昔の遺跡からも華やかな伝統衣装が見つかることがあるくらいであり、人間はずっと、美しく着飾ることによって気持ちを入れ替えたり、自分らしさを表現したりしてきたのではないだろうか。自由なファッションには、体温調節のための機能とは別に、自己表現としての服装の役割が表れている。

　とはいえ、社会生活を営むための最低限のマナーを知らなければ、自由なファッションは他者に悪い印象を与えることがある。例えば、正式な場などでの、明らかに場違いなファッションというのは、やはり問題があると言えよう。

　私は、若者の自由なファッションはとても良いものだと考えているが、公共の場で誰かに不快な思いをさせてしまうことがないように、それを着る若い世代がしっかりと公共のマナーを身につけることも大事だと思う。

解答・解説

第3回　実戦問題　　読解問題　解答・解説

問	解答番号	正解	問		解答番号	正解
I	1	3	XI	問1	11	1
II	2	4		問2	12	4
III	3	1	XII	問1	13	1
IV	4	3		問2	14	3
V	5	4	XIII	問1	15	2
VI	6	2		問2	16	4
VII	7	3	XIV	問1	17	2
VIII	8	2		問2	18	4
IX	9	4	XV	問1	19	3
X	10	1		問2	20	4
			XVI	問1	21	3
				問2	22	3
			XVII	問1	23	3
				問2	24	4
				問3	25	2

I

下線部を含む一文中の「そう」は「一刻も早く結論を得ようとして，簡単に安易な結論に飛びついてしまうのである」を指す。そうなる理由は「現代人はどんどん忙しくなっている」からなので3が正解である。

II

1．×　「スケジュール」の欄に「留学生支援センター」に集合するように書かれている。
2．×　「申し込み方法」の欄に「学生支援Webサイト」から「送信してください」と書かれている。
3．×　「日時」の欄に「雨天の場合」でも「(スケジュールの進行時間は変わりません)」とある。
4．○　「参加に必要なもの」の欄に，かかる費用は「昼食代（500円）」のみで「移動や施設の見学にかかる費用は，大学が負担します」と書かれている。

III

「日本タンポポは春に咲いて，さっさと種子を飛ばすと，根だけ残して地面から上は自ら枯れてしまう」のは，「夏が近づくと，他の植物が枝葉を伸ばし，生い茂る」ので「光は当たらず生きていくことができない。そこで，強い植物との無駄な争いを避けて，地面の下でやり過ごす」ためだ，とあるので1が正解である。

IV

1．×　「人の気持ちを落ちつかせるんだったら低めの声がいい」とは書いてあるが，高い声の人に不安感を抱くとは書かれていない。
2．×　このような記述はなされていない。
3．○　「お風呂場でハミングすると，うまい感じで揺れる音程があることに気がつきます。それが自分にフィットした声のトーンです」と書かれている。
4．×　「その人に合ったトーン」を見つけるための話であり，トーンが良くなるか否かの記述はない。

V

1．×　「七〇年代は技術の根幹部が軽薄短小へと大きく転換を開始した」「といっても，それ以前の技術革新が基礎にあったのは当然である」とある。
2．×　「後半部に重厚長大産業が廃れたわけではなく，またその必要性は変わらない」とある。
3．×　選択肢1.の解説を参照
4．○　一九七〇年代以後に，重厚長大産業と「電子機器やIT機器などとの組み合わせで新たな発展の芽が生まれてきた」とある。

VI

「トマス・カーライル」の言葉とは「経験は最良の教師である。ただし月謝が高い」である。筆者は「これを経験礼賛ととるのは早計である」とし，「"月謝が高い"経験」つまり「苦しい，つらい経験によって人間は成育し，賢くなる」としているので2が正解である。

VII

二段落目で筆者は，世界で起きている問題の解決には科学的な議論が必要だと述べ，三段落目では，科学的な思考とは「知識を常に更新していく」ことであり「仮説の正しさだけを追い求めていくのではなく，反証されて新たな仮説が生まれていくことが科学の生命」と述べているので3が正解である。

VIII

筆者は言葉の由来の「もっとも根本的なところは認識上の『違い』であり『差異』」と結論付けている。また「その」は直前の「周囲のものや事象，それぞれに対する差異の発見」を指す。よって2が正解である。

IX

「強い立場にある者が，もっともらしい正論をふりかざして立場の弱い者に厳しいことを言うとき，弱い立

場にある者は『おかしいな』と思っても，立場上反論できず，『そうですね』と受容せざるを得ない場合が多い」とあるので，4が正解である。

X

「科学技術の（システム化の末の）『自己目的化』」とは，「不必要な場所」にも技術を使う，「テクノロジーがあふれ，過剰になってゆく」ことなので1が正解である。2～4は必要性があり，過剰とは言えない。

XI

問1 「そのため大豆は，肥料分の少ない場所でも育つことができる」とあるので，前の文章に注目する。「大豆の根」には「丸いつぶつぶ」がついていて，この中に，「栄養分を作り出す根粒菌というバクテリアが共生して」いるとある。したがって正解は1である。
問2 「米は炭水化物を含み」，大豆は「たんぱく質や脂質を豊富に含んで」いるため，「お米と大豆を組み合わせると三大栄養素である炭水化物とたんぱく質と脂質がバランスよくそろ」うという。また「ごはんにみそ汁」など，「米と大豆を組み合わせて食生活を組み立てて」きたとある。したがって正解は4である。

XII

問1 第一段落にミレニアル世代の育った時代の説明として「コンピューターやインターネット環境の普及によって，多様な人々が自由にコミュニケーションを取り合うようになった」とある。また，第二段落にも「今ではスマートフォンを利用して，ソーシャルメディアで世界中の人々と会話したり，議論したりすることが簡単にできる」とあるので1が正解である。
問2 下線部の直後に「例えば」として「自分たちと異なる人種や集団に対して寛容だという点」をあげているので，3が正解である。

XIII

問1 「自分の考えを寝かせておく」とは「自分なりのアイデアや発想」を，「急いで一気にまとめる」のではなく，「気になっていたことを，折にふれて思い出し，頭のなかで反芻もして，思考を深めていく」という意味なので，2が正解である。
問2
1．× このような記述はなされていない。
2．× 「思考の仕込みは時期も場所も問いません」とある。
3．× 「思考を寝かせた結果」「うまくまとまらなければ，捨ててしまえばいいだけの話」とある。
4．○ 「価値あるものなら，たいていある時期によみがえってくるものです。しかも，たんに記憶が戻るのではなく，深化した思考として姿を現す」とある。

XIV

問1 レンゲにとってハチは「効率よく受粉ができる」大切な存在であり，一方のハチもレンゲの蜜を「ハチ以外の虫に」「とられ」ず，効率的に入手できるので，（A）には2の共生が入る。
問2 「花びらを押し下げることのできる力と，このしくみを理解する知恵を持った虫でなければ蜜にありつくことはできない」とあり，ハチは蜜を独占できる能力がある。よって，正解は4である。

XV

問1 「お弁当」とは携帯できる食料のことである。下線部の前に，「鳥たちは，渡りの前にはたくさんのエネルギーを，脂肪の形でからだに蓄えます」とある。蓄えた脂肪が食料がわり，つまり飛ぶエネルギーになるということなので，正解は3である。
問2
1．× 本文に「大抵」とは書かれていない。
2．× 本文に書かれているが，筆者が「最も言いたい内容」ではない。
3．× このような内容の記述はない。
4．○ 渡り鳥にとって「脂肪は，重さの割により多くのエネルギーを抽出することのできる，非常に効率のよいエネルギー源」だと書かれている。

XVI

問1 下線部直後に「それは」とあり，続いて「終演の瞬間を観客は確実に知覚するということである」と説明されているので，3が正解である。
問2 「ピアノ・リサイタル」で「観客は，演奏家の身体の変質を見て取り，その瞬間，演奏の終わったことを知る」のであり，また「舞踊」で「ダンサー」の「身体の質が変わる」ことで，観客は「的確に舞踊が終わったことを知る」とあるので，3が正解である。

XVII

問1 直後に「なぜなら」で理由を説明している。「人間の森へのかかわり方によって，森は変貌をとげていくから」とあるので，3が正解である。
問2 下線部の直前に「という」があり，言い換えられていることがわかる。言い換えの内容は「工場と同じように森をつくり変えることによって，用材の生産性の高い森を開発していこう」という考えであり，第二段落の「何か問題がおきたときには，より多くのものを建設することによって問題を解決するという思想」に通じる。よって4が正解である。
問3 下線部の直後に「なぜなら」とあり，好ましくない例をあげた上で「市場経済のうえでは価値は高くても」「暮らしのなかの価値は，逆に低下」と述べている。よって2が正解である。

　昔と比べて良くなったことの具体的な例として、一つには、水道、ガス、電気などのインフラ環境を挙げることができる。特に、上下水道は、都市部における感染症の発生を抑える上で大きく貢献した。さらに近年では、インターネットの普及により、様々な情報を瞬時にやり取りできるようになった。こうした環境が整うことで、私たちは、快適で豊かな生活を享受することができるようになった。

　一方で、昔のほうが良かったこともある。それは、美しい農村での生活のような、のんびりとした時間を過ごすことができた点である。電気が普及することで便利になったが、人々は昼も夜も仕事に追われるようになった。その結果、人々の生活習慣が大きく変わった。自然のサイクルに逆らって生活することで、心身のバランスを崩してしまう人も増えている。

　以上のように、昔と比べて良くなった点と、昔のほうが良かった点が両方ある。社会の変化を止めることはできない。私たちは、過去と現在の両方の良さを学びながら、新しい時代を作っていく必要がある。

すぐに社会で役立つ分野としては、物理や数学などの理系分野を挙げることができる。都市の建築物や交通機関も、電子機器も、すべては物理や数学の知識と技術に基づいて設計されている。客観的な答えがある理系分野は、学習目標を立てやすく、成果も目に見え、学生にとって明確なキャリアプランを描きやすいものである。

一方で、時間をかけて考えを深める分野としては、文学や哲学などの文系分野を挙げることができる。これらは、すぐに社会問題を解決するといったものではなく、人間の心や言葉といった本質的な事柄を研究するものである。こういった学問にも存在意義はある。都市のデザインや電子機器には流行がある一方、文学作品や哲学書は非常に長い時間読み続けられる。そのような作品を研究して、その成果を現代に発信していくことは、人類の知の蓄積や更なる発展につながる。

以上のように、それぞれの分野に魅力と特色がある。私自身としては、社会ですぐに役立つ知識を積極的に学びたい。具体的に社会を構築することで、社会全体を、例えば文系分野のような学問を学ぶ環境も下支えすることができると考えるからだ。

第4回 実戦問題　　読解問題　解答・解説

問	解答番号	正解	問		解答番号	正解
I	1	**2**	XI	問1	11	**1**
II	2	**1**		問2	12	**3**
III	3	**2**	XII	問1	13	**4**
IV	4	**2**		問2	14	**1**
V	5	**2**	XIII	問1	15	**2**
VI	6	**2**		問2	16	**2**
VII	7	**4**	XIV	問1	17	**2**
VIII	8	**3**		問2	18	**3**
IX	9	**1**	XV	問1	19	**3**
X	10	**4**		問2	20	**1**
			XVI	問1	21	**3**
				問2	22	**1**
			XVII	問1	23	**1**
				問2	24	**3**
				問3	25	**2**

I

「耳が泣いている」理由は，生まれてくる子は「せっかく耳をはたらかせられるようにしている」のに，親から「しっかりした，はっきりしたことばを聴かせてもらえない」ことにあるので，2が正解である。

II

1．× 「必要な書類を学部事務所に提出する」とある。
2．○ 怪我は「5．学校指定以外の怪我や病気の場合」であり，「5.～6.の場合は原則として追試験の実施は担当教員の判断」とある。
3．○ 「不正行為者に対しては，学部事務所で審議の上，退学または無期停学」とある。
4．○ 「教室が変更になる場合があります」とある。
今回は誤っているものを選ぶので1が正解である。

III

「一八〇度の変化が生じても，やたらに喜ぶことなく，じっくりと構えていられるようになる。ここで，『じっくり構える』ことが大切」であり，「何も冷たくすることはない」が「喜び方が手離しになってしまわないようにすべきだとあるので2が正解である。3，4については本文に記述がないので，不適である。

IV

下線部「こういう状況」の指示語「こういう」は，日

本が西洋文化を「とり入れることを拒否したならば，その文化をになう強国たちは，力ずくで，日本を占領し，異質の文化の強制的な採用を命ずる」を指しているので，2が正解である。

V

筆者のことを「小説家の敵だ」と言う原因は「私の習慣」にあり，「私の習慣」とは「締切り日前に必ず書き上げ，編集者に渡す」ことなので，2が正解である。

VI

「国産のヒノキやヒバにふくまれている精油（においの成分）は，シロアリを殺す力」をもつが，「精油成分の少ない外材には，防腐剤と防蟻剤（白蟻を防ぐ薬剤）の両方の処理が必要」とあるので，2が正解である。1，3，4の内容の記述は本文にはないので不適である。

VII

「耕運機で土を起こすと，土の中に潜んでいたミミズやカエル，ザリガニなどが掘り起こされます。鳥たちは，それを餌にするために，集まってくるのです」「鳥たちは，耕運機のエンジン音が，餌にありつくための合図であることを学習しているのです」とあるので4が正解である。

VIII

本文の中心的な内容は「大学へ入ったばかりの学生」が「うまくノートがとれない」という悩みを「大学教授」に相談したところ「本当はノートをとらないで，じっと聴いていた方がいい」と言われ，「必死になってノートをとることをやめて，よく話を聴くことにつとめるようにした」ら「その学生はよい成績をおさめた」ということなので，3が正解である。

IX

「人生が思い通りに展開していないのは」，「本人の努力や実力が足りない」のでも「心がけが悪いから」でもなく，「不可抗力やアクシデントのせいだ」と述べられているので，1が正解である。

X

「国語を本当に大事にする心が欠けている人間では，時代を越える生命をもつ，文章，思想，知性を生み出すことはできないのではあるまいか」「作品を古典に昇化させられないのではないか」と書かれているので4

が正解である。

XI

問1 「ガは夜行性なので体温を保つために多くのりん粉を身にまとっています」とあるので1が正解である。りん粉に毒を持つのは「ドクガ」のみなので2は不適。「ずんぐりしている」のは胴体部分であり，りん粉を身体につけているのが理由ではないので4は不適。3の内容の記述はなされていない。

問2
1．× 「夜に活動するガは気味が悪い」とあるが，これが「一番の理由」とは書かれていない。
2．× 「ヨーロッパではチョウとガとを区別していない」とある。
3．○ 「チョウとガとは同じ鱗翅目という仲間に分類されていて，明確には区別できない」とある。
4．× 「昼間活動するチョウは，カラフルな色で天敵の鳥を驚かせて身を守ります」とあり，夜ではない。

XII

問1 筆者は〝自撮り〟のことを，「新たに生まれた文化」，「本格的に流行したのは，2010年代にSNSが普及してから」と言っているので，4が正解である。1は「風景や食べ物ではなく」とあるため不適。2, 3は本文には書かれていないので不適である。

問2 最終段落において筆者は，「自分の写真というものへの認識が以前と変化している」と述べ，「自分や身近な人の記録であった」写真が，「多くの人に『見せる』もの」に変わり，更に「『見せる』ことによって次の行動や目的につなげるためのもの」になったと言っている。また，目的としては，第三段落で「〝自撮り〟写真をSNSにあげる目的として一番多いのは，コミュニケーションのため」と述べているので，正解は1である。

XIII

問1 直後の一文で「コナギは田んぼ以外の場所ではほとんど見ることができない」とあるので，正解は2である。昆虫に頼らずとも「確実に種子を残すことができる能力」があるのに田んぼ以外で繁茂しないことを筆者は「不思議」と感じているのである。

問2 「このしたたかさが，コナギを田んぼで成功させている大きな要因である」とあるので直前に注目すると，「昆虫がやってこなくとも，確実に種子を残すことができる」とある。つまり，自家受粉ができることが一番の理由だと推測される。正解は2である。

XIV

問1 「中国人がツグミ類に百舌の文字をあてたのは，巧みに鳴きまねをするから」であり，日本の「モズを百舌と書くのはまちがいではない。モズも上手にまねるからだ」とあるので，2が正解である。

問2 3段落でモズの様々な鳴き方について説明し，4段落冒頭で「獲物をひき寄せるためともいわれている」とある。さらに「鳴きまねをして油断させ，引き寄せるのかもしれない」とあるので3が正解である。

XV

問1 「それほど明確に教えるべきこととして意識されているわけでも，述べられているわけでもないのに，授業中，知らず知らずのうちに教えられるルールや知識。表にはっきりとあらわれているわけではないという意味で，それが『隠れたカリキュラム』と呼ばれる」とあるので，3が正解である。

問2 「学校が集団の場」であり「集団としてまとまって活動するためには，一定のルールが必要になります」「集団として活動をスムーズに行おうとすることが，授業の内容とは別に，ルール——すなわち，隠れたカリキュラム——を教えることにつながるのです」とあるので，1が正解である。

XVI

問1 「『自分の話は伝わる』と思って相手に接すると自分本位の話し方になりがちです。自分が使い慣れた言葉を使ったり，自分の都合のよい順番に話したり，とにかく自分のペースで話します」とあるので，3が正解である。

問2 「他者を意識する，つまり『伝える相手』が見えてくるとどんな言葉を使えばいいか，どんな話し方をすればいいか考えるようになります。伝える相手を意識する。これがわかりやすい話し方の，スタートになるのです」と言っているので，1が正解である。

XVII

問1 日本の博物館の数は，「六〇〇〇にも達する」が「その九割以上は学芸員が二人以下の小さな博物館であり，いずれも予算を値切られて青息吐息である」と書かれているので，1が正解である。

問2 「時代とともに博物館の役割も変化」し，「人と人の交流の場」や「市民参加」による「人材育成やアウトリーチ活動」の場となったが「次のステップとして，地域の広い意味での科学（文化）を創造する場となることを目指すのはどうか」とあるので，3が正解である。

問3 「『小さな科学館・博物館ネットワーク』を組み，各々が行っている活動のノウハウを交換するとともに，各館の利用者（特に子どもたち）が互いに入り乱れてインターネット上で参加したり，実際に訪れて実地参加したりする機会を増やすようにすればどうだろうか」と書かれているので，2が正解である。

　私は、古い建物を新しく建て直すことに賛成である。

　文化財の保護という観点が重要であることは言うまでもない。人間が生活する中で、ただ衣食住を満たすというだけでなく、文化的価値のある美しい街並みや風景を保護することは生きる意欲を増してくれる。実際に、私の国では伝統文化を再評価する人が増えている。特に若い女性の間で、古い時代の美しい衣装を身につけて、伝統建築を背景に写真を撮り、SNSに投稿することが流行している。

　しかし、古い時代の建築物にとって、地震などの自然災害は大きなリスク要因である。さらに言えば、人々の生活が進歩的になるにつれて、どうしても古い建物では不便になることもある。また、バリアフリー対応などの課題もある。重要なことは、伝統と新しい時代を融合させることではないか。古いものの良さを生かしながら、新しい時代に見合った街づくりを進めていくことが大事である。

　以上の理由から、私は、外観を残して伝統を未来に伝えつつ、安全性や利便性という点では現在の水準に合わせ、古い建物を建て直すことが必須であると考える。

　私は、スポーツをする際には、心身の健康や自分の満足感を大切にしたほうがよいという立場である。

　学校教育や競技会などの場面でスポーツをする際には、個人の能力を測り、評価することが必要になる。その点においては、当然、技術や成績の向上が重視される。しかし、スポーツは学校だけで行うものではなく、競技選手だけのものでもない。多くの市民にとって、スポーツは楽しみの一つであり、さらには、健康を維持し、充実した人生を送る上で重要なものである。スポーツは生涯を通じてのものなのである。多くの市民が健康的に長生きすれば、医療や福祉にかかる支出を抑えることもできる。スポーツを生涯学習に取り入れることは、個人にとっても意味のあることだが、社会的にも有意義なことである。

　以上のように、私は、スポーツは生涯学習と捉えるべきだと考えている。したがって、心身の健康や満足感を大切にすべきであり、学校教育の中でスポーツを教える場合にも、一人一人が素質を生かし、体を動かすことを楽しめるように工夫したほうがよいと考える。

第5回 実戦問題　読解問題　解答・解説

問	解答番号	正解	問		解答番号	正解
I	1	**2**	XI	問1	11	**1**
II	2	**1**		問2	12	**3**
III	3	**1**	XII	問1	13	**2**
IV	4	**4**		問2	14	**3**
V	5	**2**	XIII	問1	15	**1**
VI	6	**2**		問2	16	**3**
VII	7	**3**	XIV	問1	17	**3**
VIII	8	**3**		問2	18	**2**
IX	9	**1**	XV	問1	19	**1**
X	10	**4**		問2	20	**4**
			XVI	問1	21	**1**
				問2	22	**4**
			XVII	問1	23	**2**
				問2	24	**4**
				問3	25	**1**

I

1．× 「客観的に見られないのです」とあり，「楽観的」なのではない。
2．○ 「関係が切れていないといけないのですが，まったく切れてしまっては務まりません」とある。
3．× 「医者に行くときはみな，医者もこちらのことを考えてくれていると思うからうまくいく」とある。
4．× このような記述はなされていない。

II

1．○ 「講座の内容等の詳細については，各担当課へお問い合わせください」とあり，表を見ると野鳥観察の担当は環境課である。
2．× パソコン講座の対象は「市内在住」の人のみで「在勤」は含まれていない。
3．× 「全ての講座が，先着順」とある。
4．× 「お申し込みの際には，氏名・住所・連絡先を記入」とあり，参加可能日は含まれていない。

III

（A）の直前の「この小さな魚」はニセクロスジギンポを指す。ニセクロスジギンポはホンソメワケベラに姿や泳ぎ方を似せることで大きな魚に守られるばかりではなく，「大きな魚の鱗をエサにして食べてしまう」ので，1が正解である。

IV

「違った仕事をしている人，異なる専門の人が，用もないのに会合するというのは，功利的な社会において，きわめて難しいことである。しかし，新しいことは，そういう異質交流の間においてのみ生まれるらしい」とあるので4が正解である。

V

第一段落で「かつて」のことを「義務はないけど権利もなく」と述べ，第二段落で「現代のモラトリアムは，義務はないのに権利はある」と述べている。よって2が正解である。

VI

「『自分で』考えるとは，じつは習慣的な自分の考え方に逆らって考えること」であり，「自分の習慣的な考え方（それはまた社会的な習慣でもある）の枠組を底から見直し，その考え方を絶えず〝書き換えて〟みること」，つまり「自分の習慣的な考え方に逆らって新しい考え方」をすることなので，3が正解である。

VII

「体系だった使える知識」は「テレビやインターネット」では得られず，「読書」では得られるとある。さらに，「読書でしか手に入れられない決定的なもの」は「思考力」であると述べられている。また，最終段落で「集中して読むことではじめて，思考力が高まっていき，読書で得たものが自分のものとなっていく」とあるので，3が正解である。

VIII

1．× このような記述はなされていない。
2．× 「短期の利益と長期の損失のバランス」と書かれており，「短期的な視点より長期的な視点を優先させるべき」とは書かれていない。
3．○ 「科学の知識で対処できない問題には」「科学知には限界があることを正確に認識したうえで，科学を軽々しく適用せず，さまざまな角度から慎重に吟味していけばいい」とある。
4．× 「利益よりも安全を優先する」とある。

IX

1．× 味覚の変化についての記述はなされていない。
2．○ 「日本食の場合，そのひと手間として重要なのは，出汁をとること」だと言っている。
3．× 「家庭の食事の姿もかなり変化してきました」

と書かれている。

4．×　このような記述はなされていない。

X

「ものごとを考えるときには，主観と客観的なデータがセットになっているべき」であると述べている。また「データは客観的な視点を与えてくれる」が，「データだけ示す」場合「それだけでは相手の心に響くものにはなりません」とあり，主観の必要性についても述べられているので，4が正解である。

XI

問1　下線部の「こうした」は「確実に覚えているという感覚はある」が「いまここでどうしても思いだすことができない」を指すので1が正解である。

問2

1．×　「忘却とは，記憶された内容が長期記憶から消えてなくなったことを意味するのではなく，それをうまく検索できないことを指す」と書かれている。

2．×　「ど忘れ」した内容を「あとになって，もう必要なくなったころに突然思いだすだろうことも，経験的によく知っている」と書かれている。

3．○　選択肢1.の解説を参照。

4．×　このような記述はなされていない。

XII

問1　「種子を大きくして，発芽後に速やかに生長できるようにしている」とあるので，正解は2である。1は，たしかに「田んぼに生えるスズメノテッポウやスズメノカタビラ」は田んぼ以外の場所に生えるものより種子の数は少ないが，他の植物より少ないかは，この本文には書かれていないので，不適。

問2　第二段落で，「スズメノテッポウやスズメノカタビラは田んぼばかりでなく」「さまざまな場所に生えるが，田んぼに生えるものは，ほかの場所に生えるものよりも種子が大きい」とあり，第三段落でその理由が示されている。また，「人間が稲作をするために作り出した田んぼは特殊な環境」とある。したがって正解は3である。

XIII

問1　下線部を含んだ一文に注目する。「宇宙船地球号」という言葉を使って，「有限の資源と有限の環境容量の地球」が「成長の限界に達する」と警告したと述べられている。正解は1。2，3はいずれも述べられていないので不適。4は「宇宙に汚染物質を放出する宇宙船のようだ」とは本文に書かれていないので，不適。

問2　「当時」の筆者は，「ローマクラブの報告」に対し懐疑的であったが，「地球全体を共通市場とするグ

ローバル経済の時代に突入」したことで，二一世紀が「真の『成長の限界』にぶつかろうとしている」と認識を改めている。したがって正解は3である。

XIV

問1　下線部「このような」は「一度失敗すると，同じような場面には過剰な反応をしてしまう」「失敗すまいとしてストレスを感じ，"そのまんま"でいることなどできなくなる」を指すので3が正解である。

問2　「自分に対する期待が非現実的なまでに高くなってしまう」のは「心の底で漠然と，ありのままの自分は価値がないと感じているからではないだろうか」と書かれているので，2が正解である。

XV

問1　直後の一文で，「人間が自分の努力によって，何でも解決できると考える方がおかしいのではないか」と述べられていて，（A）を含めた一文を言い換えている。したがって，正解は1である。努力が報われるという考え方に筆者は疑問を抱いているのである。

問2　最終段落で筆者は，「努力しても解決がないと嘆いている人」が「不必要に自分を責めたり」，「他人や組織やいろんなものを憎」んだりすることは，「自分の苦しみを倍加させている」と述べている。筆者は「努力によって，何でも解決できる」と考えてはいけないというスタンスを取っているので正解は4である。

XVI

問1　「ナマケモノは南米に暮らしているが，そこにはジャガーという肉食獣がいる」「ジャガーなどの肉食動物は動体視力は優れるが，木の葉の茂った中にいる動かない獲物を見つけることは得意ではない」ので，「ナマケモノはジャガーに見つからないように，徹底的に動かない戦略に出た」と書かれているので，1が正解である。

問2　ナマケモノが「徹底的に動かない」のは生き残るための戦略であり，名前の由来である「怠け者」だからではないので，4が正解である。

XVII

問1　「夢は脳の情報を整え，記憶を強化するために必須な過程」とあるので2が正解である。

問2　直前の文は「たとえば」で始まるため，「それ」の具体例である。「それ」の内容は，さらにその前にある「学習したものが少し時間をおくと高度化するという不思議な経験」であるので，4が正解である。

問3　「覚えてから数日おいた知識のほうが，ほどよくこなれていて脳にとっても利用しやすい記憶」になっていることを，時間をかけて熟成するワインに例えているので，1が正解である。

現在でも多くの人がコンサートホールを訪れる理由は、携帯プレイヤーの音楽では再現できない体験を求めているからである。

　元々、人々がコンサートを聴きに行く動機は、音楽そのものの鑑賞に加えて、社交の場としてのコンサートホールの中で、音楽を通じて仲間と交流することにもあったのではないか。これは、クラシック音楽に限らない。ポピュラー音楽の場合も、音楽ファン同士の交流は盛んである。また、私たちの親の世代は、レコードやCDを貸し合うことで仲間と交流していた。最新の携帯音楽プレイヤーは、個人で音楽を楽しむ上では素晴らしいものだが、音楽を通じた交流には向かないのではないか。だからこそ、現代でも多くの人々がコンサートホールに足を運ぶのである。

　このような考えのもと、私は、音楽を通じた交流を促進できるような楽しみ方が増えるとよいと思う。音楽に合わせて動画共有サイトでダンスを披露するといったものは、その実例である。音楽の本質は、データではなく、それを聴く人々の、感動の共有や共通体験の中にあるのだ。

　自然に触れる経験の少ない子供が増えた理由として、都市生活者が増えたことで、生まれ育った場所に自然が少なかったから、ということが推測できる。私の国でも、20世紀の後半から都市化が進み、農村部の人々が仕事を求めて大都市に移住するようになった。その結果、以前の世代では当たり前に接していた自然環境は、余暇の時間に出かけて行って体験するものに変化したのである。

　このような理由から、今後、子供たちが自然と触れ合う機会を増やすためには、都市と自然豊かな地方を結ぶ交通網を整備するなど、地域間の交流を増やすことが重要であると考える。都市に移住した人々が再び地方に戻ることをUターンと呼ぶが、そのような地方への回帰を促すには、リモートワークなどの環境を整備することも有効である。ハードとしての交通網とソフトとしての仕事環境の両面を整備して、普段は都市で生活しながら週末に自然豊かな地方へ出かける、あるいは、地方に住居を構えながらオンラインで仕事をするといった生活スタイルが普及すれば、子供たちが自然と触れ合う機会も増えると考える。

第6回 実戦問題　読解問題　解答・解説

問	解答番号	正解	問		解答番号	正解
I	1	**2**	XI	問1	11	**4**
II	2	**4**		問2	12	**2**
III	3	**4**	XII	問1	13	**2**
IV	4	**4**		問2	14	**1**
V	5	**3**	XIII	問1	15	**1**
VI	6	**4**		問2	16	**2**
VII	7	**4**	XIV	問1	17	**4**
VIII	8	**3**		問2	18	**4**
IX	9	**2**	XV	問1	19	**2**
X	10	**2**		問2	20	**1**
			XVI	問1	21	**2**
				問2	22	**4**
			XVII	問1	23	**1**
				問2	24	**2**
				問3	25	**4**

I

「難解な本を読む」ことで「『自分がわからないことが見つかる』というのは，現時点の問題点が明るみに出るということです」とあるので，2が正解である。全ての「難解な本」に「人間のあるべき姿や世界のあり方」が書かれているわけではないので，1は不適。

II

1．× 「学内での入学時健康診断に参加できない」ときは「東京都内の保健所や医療法人で」受診する。
2．× 持ち物は「学生証・筆記用具」であり，「持ち物を忘れた場合は健康診断を受診することはできません」とある。
3．× 「実施日時にやむをえない理由により健康診断に参加できない場合には，自分の所属とは異なる学部の実施日時で参加可能」とある。
4．○ 学内の実施場所は「東京キャンパス　24号館地下1階　保健センター」一か所のみである。

III

下線部「これら」は直前の「肉体と心の両側面の発達」を指す。これは「脳が大型化したこと」と「言語を可能にしたこと」であるので，4が正解である。

IV

「歌舞伎の面白さを形作る要素は，古い伝統をそのま

ま継承するのではなく，時代の変化を柔軟に受け入れるところにあると言えるでしょう」とあるので，4が正解である。

V

冒頭に「いまの日本社会の大きな問題点の一つは，大多数の人が〈知識〉に縛られ，その結果，退屈な日々を送っているところにある」とあり，以下はその内容について詳しく述べている構成になっているので3が正解である。「常に」リスクがあるほうを選択するべきとは言っていないので2は不適。

VI

「他の人がどんなことを考えてきたのかを知らずに先を目指すというのは，非科学的な態度」だといっているので4が正解である。1は本文になく，2は「尊敬すべきだ」が言いすぎで不適。3は，本文に近い内容はあるが，最も言いたいことではないので不適。

VII

1．× 「カラスは，人間のようにただ何の目的もなく集まっているわけではない」と書かれている。
2．× 「成鳥も繁殖期以外は，夜には集団でねぐらを作る」，「大きな群れを作って」と書かれている。
3．× 「ねぐらに行く前に，まず集まって群れを作る」「すぐにねぐらに行くのではなく，その周辺が安全かどうかを確認してから，移動する」とある。
4．○ 選択肢2の解説を参照。カラスは群れを作る。また「カラスは情報伝達能力に優れており，鳴きながら情報交換をしている」と述べられている。

VIII

「はじめにイエスと言っても，本当に承知しているのではない」が「せっかくもちかけてくれた話である。ノッケからダメときめつけるのはいかにも気の毒」だと思い「本音ではない社交的配慮で，一応肯定したようなことを言う」とあるので3が正解である。

IX

芭蕉には多くの弟子がいて「それが源流となっていまの膨大な俳句人口に至る」のであり，「俳句というと蕉風が当たり前」「わたしたちが思っている俳句らしさというのは，芭蕉がつくった美意識」だと書かれているので，2が正解である。

X

「創造こそが芸術の本質的要件」であり，「振付家が今世紀にかつてない尊敬を受けるようになったのは，このような過程を経る振付が一種の創造と見なされたからである」ということから，2が正解である。

XI

問1　下線部「声をかけるタイミングを逸する」のは「そうした思いが頭の中を駆けめぐるため」だとある。「そうした思い」とは声をかける前に相手の気持ちを考えすぎてしまうことを指しているので4が正解である。

問2

1．×　「欧米と比べて，日本では，『言葉に出さないやさしさ』」も「大切にされてきた」とは書かれているが「話をしない人が多い」とは書かれていない。

2．○　「やさしさは，行動だけでなく，相手を思いやる気持ちとしてとらえる必要があるだろう」とある。

3．×　「声をかけてはいけない」とは書かれていない。

4．×　このような記述はなされていない。

XII

問1　「星占い」も「噂話」も非科学的なものなので，「科学的なものが真実である」という考えから言えば，否定されるものである。よって，2が正解である。

問2　「昔の人々」は「迷子」を「鬼や化け物の仕業」と考えていた。こう考えた理由について筆者は「未知なる現象に名前を付けることが，実際に目の前で起こっている出来事を冷静に受け止める上で有意義だったのだろう」と言っているので，1が正解である。

XIII

問1　カタクリは「早春のごく短い期間に花を咲かせ」「春の終りとともに」「姿を消してしまう」が，姿を現す期間が短いところが「エフェメラル」つまり「はかない命」と呼ばれた理由なので，1が正解である。

問2　雑木林では「夏になれば木々が葉を茂らせて日陰にな」るので「小さな草花」であるカタクリは，他の植物との競争を避けるために「ほかの植物が活動しないわずかな早春の期間に花を咲かせ，光合成をして栄養分を蓄積する」とあるので2が正解である。

XIV

問1　筆者は，「親子の関係」をヨーロッパの人々と日本人とで比較している。「自立的」とは，独り立ちを意味し，「ヨーロッパの人たちは日本人より自立的だから」，彼らの親子関係は距離感があると筆者は考えていたのである。正解は4である。

問2　日本では，「自立している」人は「親と会ったり」する必要がないと考えるという。それは「自立ではなく孤立」ではないかと筆者は述べている。したがって正解は4である。

XV

問1　昆虫と植物の「共生関係が，最初から作られたわけではない」。「昆虫は，花粉を食べあさる植物の大敵だった」が「昆虫の体についた花粉が，他の花に運ばれて受粉をした。そして，植物は昆虫を利用するように」なったと書かれているので，2が正解である。

問2　植物にとって昆虫や鳥は，花粉や果実を食べる敵だったが「昆虫に花粉を運んでもらったり，鳥に種子を運んでもらったり」するように変化したことが書かれているので，1が正解である。

XVI

問1　指示語「これ」の内容は，第一段落に書かれている，「人間のスタート」についてである。筆者が「これでいい」と言う理由は「その間に他の動物にはない何ものかを自然に身につける必要があるから」であり，「何ものか」は「ことば」である，と述べられているので，2が正解である。

問2　筆者は「他の動物にはない何ものか」「人間から人間にのみ伝わる言語」など，ことばは人間だけのものという内容を繰り返している。また最後に「言語こそは，人間を人間たらしめた」とあるので，4が正解である。「〜たらしめる」は「〜としてあるようにする」の意味。

XVII

問1　（A）の前に，日本は「高温」で「雨水が多くて多湿」とあり，「農業にとって最適の国と考える」ことは一般的である。また次の段落が「しかし，よくよく考えてみれば」と逆接で始まり，実は農業に不利だと述べられているので1の「常識」が正解である。

問2

1．○　日本では「収穫期直前の初秋に毎年のように台風や洪水に見舞われ」，「さまざまな被害を受ける確率が高い」とある。

2．×　選択肢は「不利」な中でも米を作る工夫を述べたものである。

3．○　日本は「日照率が低」く「昼間の時間が最も長い夏至の季節なのに最も雨が多く降るのだから，光合成には実に不利な気候条件なのである」とある。

4．○　「高温多湿であるということは望みの作物だけでなく雑草もどんどん育ち，それにたかる害虫が多く発生する」とある。

今回は適切ではないものを選ぶので2が正解である。

問3　「農業に不利な国であることを自覚し，食糧の自給率をこれ以上下げないことが国の将来にとって大事であると考えるなら，農業への強力な支援が必要なのではないだろうか」とあるので4が正解である。

　現在学校には、頭髪や服装などに関する厳しいルールが校則として存在する。もちろん、学校という集団生活の場にはある程度のルールが必要であり、それらを全面的に否定するつもりはない。しかし、生徒の意思を尊重せずに校則を押しつけるだけでは、生徒自身の、主体的に考える能力と意欲を奪うことになりかねない。

　このような考えのもとで、私は、生徒自身が校則の意図をよく知り、内容について考えたり、生徒会を通じて校則の改正などに参加したりすることが大事だと思う。校則が決められるにあたって、どのような状況や議論があったのか、といったことを生徒と教員が話し合い、そのルールの意味を共に考えていけばよい。そして必要性があるならば、しっかりと議論をして改正していけばよい。

　このような環境であれば、校則を「自分たちを縛るもの」と否定的に捉えることなく、一人一人の自発性や良心に基づいて作られたルールとして捉え直すことができ、主体的な学校生活を送ることができるだろう。

記述問題２　解答例

　私は、子供に家事をさせる考えに賛成する。その理由として、大学に進学する際に一人暮らしを始める学生が多いという事実がある。
　子供にとっては勉強が第一という考え方はもっともだが、それは受験教育という側面のみで見た場合であり、本来、勉強か家事かのどちらか片方だけやっていればよいというものではない。たしかに、学業に集中して取り組むことで、将来の職業選択や能力開発の幅は広がる。しかし、大学に入学し、一人暮らしや寮生活を続けながら学業に取り組むことを念頭に置くならば、自分の身の回りの生活を維持できる能力は必須である。その後の人生においても、家事は当然必要な能力である。
　家事をさせることは、広い意味での教育的見地からすると、大変有意義なことである。家庭の中で子供に家事を任せることで、親と子の間に会話やコミュニケーションが生まれる。また、子供は家族への責任や役割への責任というものを学ぶことができる。上の世代の知識や知恵、そして社会性を自然なかたちで学ぶ絶好の機会なのである。
　以上の理由から、私は、子供に家事を任せ、子供の全人格的な成長を促すべきだと思う。

第**7**回　実戦問題　　読解問題　解答・解説

問	解答番号	正解	問		解答番号	正解
I	1	4	XI	問1	11	2
II	2	2		問2	12	4
III	3	4	XII	問1	13	1
IV	4	1		問2	14	4
V	5	3	XIII	問1	15	3
VI	6	3		問2	16	4
VII	7	2	XIV	問1	17	1
VIII	8	3		問2	18	4
IX	9	4	XV	問1	19	3
X	10	3		問2	20	1
			XVI	問1	21	3
				問2	22	1
			XVII	問1	23	2
				問2	24	1
				問3	25	2

I

1．×　「決してない」とは書かれていない。
2．×　「本人が少しでも自分の価値観を大事にしていけるような選択を可能にするのは，とても大切なことです」と書かれている。
3．×　このような内容の記述はなされていない。
4．○　選択肢2の解説を参照。

II

1．×　学部生と大学院生で分けてはいない。
2．○　「何らかの事情により該当の部の入学式に出席できない方は，他方の部に出席しても構いません」とある。
3．×　「式終了後，学部・研究科ごとに説明会を行います（参加必須）」と書かれている。
4．×　「3月下旬，新入生の現住所宛てに発送」「引っ越しの関係で受け取ることができなかった方には，教務事務センターでお渡しいたします」とある。

III

「一七八九年にフランス革命が起きたという言葉を発したとき，私たちは単なる事実を述べているのではなく」「近代革命のもつ意味を含意させて」「語っている」とあるので4が正解である。下線部に「解釈された」とあり，2の「単なる客観的事実」や，3の「世界中の多くの人々に知られている」では不十分である。

IV

「相手を立て，自己を低めていれば，争いになるべきところでも，コトなく通り抜けることができる」ので「敬語は，平和，友好のために大きな貢献をしている」と書かれており，1が正解である。

V

実験では「アガサ・クリスティが生涯に何冊の長編小説を書いたか」と質問し，「平均で51冊という推定値が返答され」た。しかし実際には「66冊の本を書いて」おり，それを被験者に伝え，そのうえで被験者に最初に質問された時「あなたは何冊だと推定しましたか？」と質問すると「解答の平均値は63冊に増加する」と書かれているので3が正解である。

VI

理工系の専門家になるには「専門的な知識を学ぶ必要」があるが，そのあとに「けれどもそれ以前に，科学の専門家を目指すより先に，まずは普通の社会人として，ある種の健康な判断力というものを」「養ってほしい」と書いてあるので，3が正解である。

VII

カワガラスは「たしかに色は黒い」が，「実のところ黒ではなく濃いチョコレート色であって，色つやが，もっと微妙」で「それよりも何よりも」カラスとは「生態がまるでちがう」と書かれているので，2が正解である。1はカワガラスとカラスの生態が異なることについて書かれていないので，不適である。

VIII

日本人が「お湯が沸きました」と，自動詞を使うのは「相手に恩着せがましい言い方は避ける。なるべくさりげなく言うのがよしとされた」ということなので，3が正解である。

IX

「一八歳人口が減少しているのですから，その中の優秀な人間の数も減って」おり，「教育の質自体が低下したために学力低下が起こったというよりも，人口が減ったために起きたと考えた方がしっくりくるような気がします」とあるので，4が正解である。

X

1．×　「古代の日本人は，虹は蛇に通じて不吉なものと感じ，なにか異変の前兆と恐れたが」「現代人は」

「その美しさを愛でる」と書かれている。

2．×　このような内容の記述はなされていない。

3．○　「民族ごとの文化的視点の相違もあれば，もっとミクロな，個々人ごとの視点の違い，その折々の状況や心理的差異に左右される視点の〝ゆれ〟も，もちろんあるだろう」と書かれている。

4．×　「個人の視点の〝ゆれ〟」と「文化的視点の違い」は比較されてはいない。

XI

問1　空欄の次の一文で「『時間はお金と同じように大切なもの』という意味」とあるので，2が正解である。「時は金なり」の「なり」は「である」と同じ。

問2　中年の患者が怒ったことに対して，筆者は「時間や会話といった目に見えないものにまで料金を要求されたことが非人情に思えて怒りの声をあげたのだろう」と見解を述べている。したがって，正解は4である。

XII

問1　「血管のバイパス手術」をすることで，「脳梗塞が再発する確率」を「20％」の「7分の1に減らせる」が，「失敗する確率」が「3％」あるというのが科学的には正しい事実である。しかし筆者にとっては，手術が失敗するか，成功するかのただの二択にすぎない。これを最も適切に表しているのは1である。

問2　科学的に正しくても「『X年以内にY％の確率』でしか言えない地震予測では頼りにならない」とあり，確率だけに任せられないと思っていることがわかる。また「実際の選択は別の事柄から決める」と述べていて，実際の判断は「確率」では決めることができないと主張している。正解は4である。

XIII

問1　「こうした」とあるので，前の文章に注目すると，「たった一株あれば，仲間がいなくても種子を生産することができる」とある。つまり，「交雑」せずとも繁殖できるということである。したがって正解は3である。2，4は本文で述べられていないので不適。

問2　外来タンポポは「小さな種子をたくさん生産する」が，「種子が小さいと」「ほかの植物との競争には不利」で「種子もある程度の大きさが必要」である。「そのため日本のタンポポは」「大きめの種子を作る戦略」をとるので正解は4である。

XIV

問1　「悪魔の擁護者」とは「集団の合意が得られた時点で，メンバーの中から選ばれた人が，間違っていることをわかった上であえて反対意見を述べる」人のことなので，1が正解である。

問2　「悪魔の擁護者」とは「集団的浅慮を避ける対策」であり，「そうすることで，他のメンバーも遠慮することなく意見を言えるようになり，集団の意見を多角的に批判，再検討する機会が生まれる」とあるので4が正解である。

XV

問1　下線部の指示語「このようなこと」とはアルバムの写真やビデオの映像の内容が過去と現在とで変化していることを指すので，3が正解である。

問2　「記憶は過去の忠実な再現ではない」。「なぜなら記憶というのは，写真やビデオのような客観的な記録でなく，主観的な印象を通した記録だからだ」と書かれているので，1が正解である。

XVI

問1　「ヨモギに強い香りがするのはこのためである」とあるので，直前に注目する。「害虫や雑菌から身を守るために，苦労に苦労を重ねてさまざまな香りの高い精油成分を身につけた」とあるので，正解は3である。薬草として使われたのは，ヨモギの精油成分に「さまざまな薬効がある」ためなので，1は不適。

問2　「原産地である乾燥地帯は，花粉を運んでくれる昆虫が少なかった」とあるので正解は1である。風媒花に変化した結果，美しい花びらである必要がなくなり，「大量の花粉を飛ばさなければ」ならなくなったので，3，4は不適。因果関係が逆である。

XVII

問1　下線部「自分探しの迷宮にはまっている」とは「就活に真剣に取り組む若者」が「自己分析を徹底して」やっているが「自分にはどんな生き方がふさわしいのか。じっくり自己分析をすれば，それがわかるとでもいうのだろうか。けっしてそんなことはない」ことを指しているので，2が正解である。

問2　「より有効な自己分析をするために，行動のサンプルをできるだけ増やす必要がある」，つまり，様々なことを「やってみる」必要があると書かれているので，1が正解である。

問3

1．×　このような記述はなされていない。

2．○　「何でもそうだが，やってみて初めてわかることがある。逆に言えば，いろいろやってみないことには，自分というのはわからない」と書かれている。

3．×　「自分探しの物語に安住している限り，今の自分は変わらないのだから，永遠に納得のいく生活なんて手に入らない」とある。

4．×　「適性検査」は「これまでの自分を振り返りながら答えていく」ものであり，「外れている」とは書かれていない。

　私は、将来選べるとしたら、自然の豊かな農村で生活したい。

　都市での生活は、たしかに便利で快適である。インフラ整備などの基本的なところから、大学や職場へのアクセスのしやすさに至るまで、都市の魅力を数えあげればきりがない。しかし、そのような都市の魅力は、本来、すべての国民に与えられるべき権利であると私は思う。現在、通信技術の発達に伴う生活様式の変化により、大学の講義などがオンラインで受けられるようになった。今後のさらなる発展に伴い、地方の交通網が整備され、自動運転の公共交通機関やドローンによる配送などの技術が一般化すれば、農村の生活も都市部並みの便利さになるのではないかと思う。そして、自然豊かな農村の生活は、都市での生活にはない安らぎを心身に与えてくれる。忙しい現代社会において、これは何ものにも代えがたいものである。

　このような状況を踏まえて、私は今後の社会の発展が、都市部と農村部の便利さの格差を減少させることを期待し、将来は農村で落ち着いた生活をしながら、最先端の知識も得るような学びを続けていきたい。

　私は、将来選ぶとしたら、通勤して会社で働くことを選びたいと思う。

　近年、通信技術が発達した結果、在宅でも勤務が可能になりつつある。在宅で仕事ができれば、通勤時間が不要になり、勤務時間帯の設定も柔軟に対応することができる。そういった場所や時間の自由が利く分、自分自身のために使う時間が増えることが期待できる。

　一方で、会社の中で働くことには、在宅勤務にはない良い点がある。会社のオフィスには必要な資料が揃っており、いつでも確認することができる。また、仕事仲間に質問や連絡をするのも簡単だ。在宅勤務の場合、メールなどの手段で連絡することは容易だと思われがちだが、対面なら簡単な会話で終わる確認を、いちいち文字にする手間は無視できない。一緒に資料を見ながら確認することも困難だ。なにより、メールでのやりとりには時間差が生じるが、顔を合わせていればその場で解決することができ、生産性という面では会社の中で働くほうが優れていると思う。

　このように、それぞれの良い点を踏まえた上で、私は、会社の中で仕事仲間と一緒に働きたいと考える。

第8回 実戦問題　　読解問題　解答・解説

問	解答番号	正解	問		解答番号	正解
I	1	**1**	XI	問1	11	**2**
II	2	**4**		問2	12	**1**
III	3	**3**	XII	問1	13	**4**
IV	4	**4**		問2	14	**1**
V	5	**2**	XIII	問1	15	**3**
VI	6	**3**		問2	16	**3**
VII	7	**3**	XIV	問1	17	**1**
VIII	8	**4**		問2	18	**4**
IX	9	**4**	XV	問1	19	**3**
X	10	**3**		問2	20	**1**
			XVI	問1	21	**1**
				問2	22	**4**
			XVII	問1	23	**3**
				問2	24	**1**
				問3	25	**1**

I

1．○　「鳥を受粉に使っている植物の花」は「昆虫よりも大きな胃袋を満たさねばならないので大量の蜜を出」すと書かれている。
2．×　「コウモリの仲間だけ」とは書かれていない。
3．×　「ミツバチは，花粉がついても気にしない」と書かれている。
4．×　「鳥を受粉に使っている植物の花」は「臭いがない」。

II

1．×　応募条件に「本学学生を含むグループの企画」と書かれている。全員でなくてよい。
2．×　このような記述はなされていない。
3．×　「参加する必要がある」という記述はない。
4．○　応募条件に「各地いずれかの発表に参加できること」と書かれている。

III

「自分のやりたいことができるようになるポジションにつくと，そのぶん市場の要求とは離れていってしまうことがあるからです」と書かれているので，3が正解である。

IV

1．×　「のびた仕事ほど，やりにくくなる。あがり

もおもしろくない」と書かれている。
2．×　このような記述はなされていない。
3．×　「忙しい人は」，仕事に「すぐ手をつける」と書かれている。
4．○　「今日できる仕事を明日にのばすな。これはそういうにがい思いを何度もした多忙な人間がようやくたどりつく心境である」と書かれている。「そういう」は前段落の明日にのばした失敗を指す。

V

「紙の史料」は「後の時代の人が書き記したものであるため」「内容が事実とは違うことがある」が「木簡は，記録メモや連絡カードとして当時の人々が手軽に用いたもの」であり「信頼性は編纂物である紙の史料よりはるかに高く」なるとあるので2が正解である。

VI

「僕たちの自己イメージは，いろいろな他者がこちらに抱くイメージによってつくられていることがわかる。人から言われた言葉や人から示された態度をもとに自己イメージがつくられている」ことを「自己は他者である」と言っているので，3が正解である。

VII

下線部の「そういう」は，前の段落の内容の，「なるべく直線」で「しっかりした筋道」をもち「鮮明」な「ことばを書く」ことを指しているので，3が正解である。

VIII

悪口を言うのは「何かを抑圧している人間のやること」で「認めざるを得ない現実を否認しつづけていれば，不必要な力が体に入ってしまう」ことになる。だから「事実を認めることで，ほっとして力が抜けてリラックスできる」とあるので，4が正解である。

IX

「教室という空間の発明は」「少数（あるいは一人）の人が，おおぜいの人をコントロールしながら，知識を伝えることを簡単に」したとあるので4が正解である。

X

筆者は「歳をとって集中力が散漫になるのは，体力衰弱のせいである」と考えており，「有酸素運動のエクササイズを受けてもらったところ，受けていない人に比べて，視聴覚認知テストの成績が上昇」したという

ことは，「集中力が高まったと解釈してよい」と書かれているので，3が正解である。

XI
問1 「相手と自分の太刀筋や技量から見て，両者の立っている間隔（間合い）が，勝負を仕掛けていい距離であるかどうか，それを瞬時に判断し，決断すること」とあるので，2が正解である。
問2 筆者は「重要なのは，ことを見極め，見切る」ことだと述べ，「つまり」で「無益な時間を過ごしていると感じたら，いち早くそのことから手を引いてしまえばいい」と言い換えている。よって1が正解。

XII
問1 一九五〇年代から六〇年代前半は，「科学的に説明できないものはすべて誤りという風潮」があり，「科学的な思考，分析方法を身につけ」られる理工系に進み，「新しい技術を開発し，生産力の発展に寄与」できる人間が強く求められていた。よって4が正解。
問2 筆者は「科学的な思考，分析方法を身につけ」た人間によって「科学的真理」はとらえられるが，「そのことは，科学とは別の方法をとおしてみえてくる真理もまた存在するということを示している」と述べている。つまり，科学によって真理の一側面は追究できると考えている。したがって正解は1である。

XIII
問1 「カラスウリの花は根もとのほうが長い筒状をしていて，一番奥に蜜を隠している」とあるので，3が正解。カラスウリは大きな花を咲かせているわけではなく，「実際の花よりも何倍もの大きさに見せて」いるだけなので1は不適。また，白い花を咲かせるのは夜に目立つためなので2は不適。
問2 「カラスウリは，花粉を運んでくれるスズメガだけに蜜を与えるように花を長くしている」とあり，他の昆虫に蜜を与えないようにしている。したがって正解は3である。「スズメガは，ホバリングして空中静止」しているのであって，カラスウリにとまって蜜を吸っているわけではないので，1は不適。

XIV
問1 「地上資源の良さは地下資源と正反対で，資源量は無限と言えるくらいあり，環境への負荷が小さいということにある」とあるので正解は1。「日本は地下資源には恵まれていないが，地上資源は余るほどある」とあるので3は不適。2は「上げようとしている」が誤り。正しくは，既に「達して」いる。
問2 筆者は「地上資源に依拠した文明」が来ることを望んでいる。「地上資源」とは「自然エネルギー（再生可能エネルギー）」のことであり，「持続可能な社会

を築く」ものである。地上資源を利用し「ほどほどの豊かさに満足し，自然と密着した生き方を楽しむ」生活が，まさに「そんな生活スタイル」なのである。正解は4。

XV
問1 「導管を持つ植物」は「導管の中で水のつながりに切れ目ができると，水を吸い上げることができなくなってしまう」ので「水の凍結に弱いという点」がある。よって3が正解である。
問2
1．○　「裸子植物」が「北方の地域で安住のすみかを獲得した」秘密は「裸子植物が持つ時代遅れの仕組みにある」とある。
2．×　裸子植物は「細胞から細胞へと確実に水を伝える」ので「凍てつくような場所でも水を吸い上げて生き残ることができる」とある。
3．×　「凍てつくような場所でも水を吸い上げて生き残ることができる」裸子植物は「北方の地域で安住のすみかを獲得した」とある。
4．×　このような記述はなされていない。

XVI
問1 「オン・オフを明確に区切ら」ない「仕事のやり方は，一見，休みなく働いているため疲れてしまいそう」だが，「『仕事が進まない』というストレスのほう」が疲れる，という内容が入ると考えられるので，1が正解である。「〜ですが」は逆接。
問2 筆者は，仕事を「細分化し，そのときそのときの自分のコンディションに合わせて，好きだったり疲れなかったりする仕事に逃げていく」ような「ローテーション方式で仕事を回していく」方法を勧めているので4が正解である。

XVII
問1 「技術者が現在のスマートフォンに不満を持っていることを企画の段階で洗い出し，技術者の不満を解消したスマートフォンを開発した」とあるので，3が正解である。
問2 「消費者がスマートフォンに要求することは何なのかを商品を企画する段階で取り入れ，どのようなスマートフォンにするか考える必要があった」にもかかわらず，それを行わなかったことが，販売不振の原因だと考えられるので，1が正解である。
問3 「機械の専門家である技術者たちが非常に機能的だと」考え，「多くの広告費を払ってこのスマートフォンの存在を世の中に広めた」にもかかわらず，「一向に売れない」のは，「消費者がスマートフォンに要求することは何なのか」を考えなかったことが原因だと書かれているので，1が正解である。

　現在、欧州では、女性の社会進出が盛んである。EUを運営する機関の一つである欧州委員会では、2019年に初の女性委員長が任命された。この流れを受けて、欧州では、2030年を目標にさまざまな改革を推し進め、女性たちの生活や職業選択をより自由にする様々な取り組みを実現している。具体例として、医療や科学技術などの理系分野を専攻する女性を増やし、男女が公平な条件で働けるような支援を増やしている。女性の社会進出にあたって懸念されるのが家庭との両立だが、社会全体で子育てを応援する風潮が一般的な欧州では、組織のリーダーに女性を選出する傾向はいまや一般的である。

　私は、このような欧州の取り組みに賛同する。世界人口の約半分は女性である。組織のリーダーを女性が務めることは、当然の成り行きであり、実現するのが遅すぎるほどである。これまでは解決されてこなかった社会的な課題についても、今後は女性の視点で解決されてゆくのではないか。なお、そのような未来を実現するには、男性側の意識改革も必須である。性別にかかわらず、すべての人が尊重し合うことで、真の意味で個人が自立して生きていけるような社会になると私は思う。

　2011年に日本で東日本大震災が起きた時、その被害は、東北から首都圏にまで及んだ。ある市では、地震によって液状化現象が生じ、市内の広い地域で道路に泥が噴き出すなどの被害が発生した。また、水道や電気も長期間止まり、住民は苦労を強いられた。また、緊急事態に備えて作られていた貯水槽が壊れてしまい、使えなかったそうである。こうした経験から、この市では、これから起こる災害に備えて、自治体と住民の双方が協力して緊急事態に備えるための取り組みを始めている。市役所を改築し、液状化や津波に耐えられるようにしただけでなく、住民がボランティアとして活動するための制度を整えた。

　私は、このような取り組みに賛同する。地域全体の安全を守るには、自治体が率先して動くことが不可欠である。同時に、住民の安全を確保する上で、住民同士が助け合える仕組みを作っておくことも大事だ。つまり、公助と共助の整備が大切である。自然災害は不幸な出来事だが、このように、地域全体で助け合うためのきっかけとなるならば、将来の世代にとって貴重な教訓となるだろう。

第9回 実戦問題　読解問題　解答・解説

問	解答番号	正解	問		解答番号	正解
I	1	3	XI	問1	11	4
II	2	4		問2	12	3
III	3	4	XII	問1	13	4
IV	4	4		問2	14	3
V	5	4	XIII	問1	15	2
VI	6	3		問2	16	3
VII	7	3	XIV	問1	17	3
VIII	8	2		問2	18	4
IX	9	2	XV	問1	19	1
X	10	3		問2	20	2
			XVI	問1	21	2
				問2	22	4
			XVII	問1	23	3
				問2	24	4
				問3	25	1

I
1．× 「ミステリ小説を読む時間はあまり生産性が高いとはいえません」と書かれている。
2．× 「本はまずは思索を深めたり知識を得たりするために読むのですが」とある。
3．○ 選択肢2.の解説参照。また「頭が休まると同時に，鍛えられている感じもあります」と書かれている。
4．× このような記述はなされていない。

II
1．× 「分からないことがありましたら，本館1階学生課までお問い合わせください」と書かれている。
2．× このような記述はなされていない。また，B表を見ると同時に履修することができる。
3．× B表について「あくまで目安ですので，これに準じる必要はありません」と書かれている。
4．○ 「『必修』と記載がある科目は全ての履修が完了するまで，卒業することはでき」ず，A表より必修基礎科目の卒業必要単位数は「16」だとわかる。

III
1．× このような記述はなされていない。
2．× このような記述はなされていない。
3．× 「人類の存続のために生態系全体の保全が叫ばれているが，それだけではなく，自然との触れ合いは，自分自身を含めたいのちの実感を育む上で人間に

不可欠なのだろう」とある。
4．○ 3の解説を参照。

IV
「対立する二者が議論を経ることでお互いの立場を微妙に変化させる」ことが「ごく自然にあり得る」。また「議論の前と後で，双方の考え方にまったく変化が生じない」ことを「議論と呼べるものだったのかは大いに疑わしい」といっているので4が正解である。

V
下線部の「こうした」は「集団に占める『正しい知識を持った個体』の割合が増えるほど，群れは正しい進路を取」る。しかし「意外なことに，知識個体率が同じ場合は」「集団の規模が大きいほど群れは正解に至」るを指すので4が正解である。

VI
「チェコスロバキアの女性」が育った「ヨーロッパでは，夜暗くなってから大きな物音がするというのはまずありえない」ので，日本で「焼き芋売りがとんでもない大声を出すとは思いも及ばない」ということが書かれているので，3が正解である。

VII
「納豆菌を見いだして，巧みに利用した古人の知恵にも脱帽」とあるので，3が正解である。「人間が分類できている微生物は，まだほんのわずかに過ぎないと考えられて」いるとあるが，「人間が分類できる脱窒菌はわずかである」とは書かれてないので1は不適である。

VIII
キツネは「人間の行動をよく知っている動物」であり，「人間はたいてい最初に弁当などの荷物を，手を伸ばして岩の上に置」くが，「こういう場所でキツネは待っているのである。そうして人間が岩の上に弁当などを置くとそれをくわえて持っていく」とあるので，2が正解である。「岩の上によじ登ったときキツネの後姿をみかけることもある」ので4は不適。

IX
「日本語を学びたいという外国人がふえ出していた」が，日本はこれまで「外国人にこちらのことばを教えるなどということは考えたことがない」ので「現在なお，まっとうな日本語教育のできる人はおどろくほど少ない」とある。よって2が正解である。

X

「ふだんの授業で，ひとりひとりの生徒がどれだけ勉強に取り組んでいるのかを調べようと思ったら大変」だが，「試験というのは，生徒ひとりひとりの勉強ぶりを示す便利な道具」なので「重要な行事と見なされている」。よって3が正解である。

XI

問1 「カボチャやメロン」は「中心に種子がまとまってい」るが，スイカは「実の中に種子が散らばってい」るので「実を食べるとどうしても種子も一緒に食べてしまう」のである。したがって4が正解である。

問2 「植物の果実は，外側の実を守る外果皮と，種子を包む内果皮があり，その間に中果皮と呼ばれる部分がある」とあるので，果皮は3種類あることがわかる。よって正解は3。メロンの食用部分である果肉と，スイカの白い部分は共に中果皮であるため，4は不適。

XII

問1 直前に「というふうな」とあるので，その前の「みんな同じ髪の毛で同じ目の色で同じ背の高さ」を端的に言い換えたものが入ると推測できる。したがって，正解は4である。画一化とは，「すべての物を一様にそろえること」を意味する。

問2 「かつて」（遺伝子を改変しない場合）は多様性があり，環境変化にも耐えられたが，「生命を操作する技術が広がると人間は多様性を失い，むしろ社会は脆弱になっていく可能性が高い。」と，筆者は危惧している。したがって，正解は3である。

XIII

問1 「依存心の強い八方美人」と周囲の人がつきあっていたのは，「周囲は彼の時間も労力も自分の思うように使えた」からで，「彼が困難に遭遇したり，彼に自律心が出てきてしまっては，彼は周囲にとってまったく意味がなくなる」，つまり「利用する価値がなくなる」ということなので，2が正解である。

問2 「それまでは，好きなものを嫌っていた」りと，「自分の周囲についての感情は，何もかもアンビヴァレントであった」が「今まで一度も味わったことのない明快な感情が，自分の中に生まれてくる」つまり，「正直な気持ちを認識」するということなので，3が正解である。

XIV

問1 「普遍的」とはここでは，レオナルドの女性像が「誰が見ても，たしかに美しいと感じるもの」ということを言い換えている。一方「個別的」は，「好きになった相手であれば，たとえニキビの跡が顔に残っていたとしても美しく感じる」とあり，ある特定の人

のみが感じる美もあるということを一単語で言い換えたものなので，正解は3である。

問2 「美が社会的な文脈のなかで形づくられ」るのが人間社会である以上，女子高校生が「化粧に興味をもつこと」は「誰かに見られる〈自己〉」を意識し始めたということであり，「ごく自然なこと」と筆者は考えている。したがって正解は4である。

XV

問1 「手へのキスとは」「男が女にするものであり，その逆はありえない」とあるので1が正解である。

問2 筆者は「間違い」の中に「まったく予期しなかった事態に対して」の「見事な決断力」を見出し，「彼女はきっと心優しい女性」と優しさについても評価している。そして「こういう『間違い』をする女性は，なかなか魅力的」とあるので2が正解である。

XVI

問1 筆者は「個人的な関心や興味に基づいた質問は下位に順位づけるべきです」と言っているので，この反対の内容の質問をするべきだという内容が（A）には入るはずである。よって正解は2である。

問2
1．× 「漠然とした『あなたにとって○○とは？』といった質問ではなく」と言っている。
2．× 「相手の話を一生懸命聞いていると，いくつもの質問が浮かんでくるものです」と言っている。
3．× 「講演会の質疑応答の時間だけでは，それをすべて聞く時間はありません。そこで，質問に重要度の順位づけをする必要が出てきます」と言っている。
4．○ 「漠然とした」質問ではなく具体的に質問をすると，「相手も答えやすいし，『話をよく聞いてくれている』という評価にもつながります」とある。

XVII

問1 「小さなグループに分かれ，その閉じられた世界のなかで日常生活を営んで」おり，その「内部だけで人間関係が完結」するとあるので，3が正解である。

問2 「グループ相互の上下関係に過剰なほど気をつかいあって」「交友関係を避けようと」することを「スクール・カースト」と言い「教室という同じ空間を共有しながら，カースト間の交流はほとんど見られ」ないとあるので4が正解である。

問3 「グループの外部は」「日常世界の圏外」であり「意味ある人間関係が成立していない」が，「グループ内での人間関係の圧力が逆に高まって」おり「互いをターゲットにして，グループ内で熾烈なポジション争いが繰り広げられて」いるとあるので，1が正解である。

第10回 実戦問題 記述問題1 解答例

　学生の学力が低下しているという声は、日本の場合、ゆとり教育と呼ばれる方針との関係で主張されてきた。週五日制に伴って授業時間が減り、従来の教科科目とは異なる「総合的な学習」の時間が新設されたことで、本来必要な基礎学力が十分に修得されないまま進学する学生が増えたのではないかと懸念されたのである。

　たしかに従来の学力評価の尺度で評価すればそうかもしれない。しかし、私は、従来の尺度だけでは学力を正しく測ることはできないと考える。21世紀の高等教育の役割は、専門家やエリートを育てることではなく、社会全体の発展への貢献にある。アクティブラーニングなどの取り組みは、専門知識だけでなく、思考力やコミュニケーション能力など、社会で必要とされる能力を総合的に育む、新しいタイプの教育として重視されるようになってきている。

　このような流れを踏まえ、私は、時代に即した学びというものがあるという立場をとる。求められる能力が変われば学力を測る尺度も変わり、尺度が変われば学生の学力の評価も変わるものである。

　目上の人を大切にすべきだという考え方は、特に東アジアの人々が共有してきた大事な教えである。一般に、長く生きた人の方が豊かな人生経験を重ねていると言える。それゆえ、親や先生をはじめとする年長者の教えをしっかりと聞くことで、私たちは人として着実に成長することができる。

　一方で、若者は、時代に即した新しい知識や技術を学び、変化をすばやく、柔軟に受け入れることができる。変化の速い現代社会では、過去の経験が役に立たないことも多い。経験則に縛られない分、自由な発想で世の中の課題に取り組むことができる若者の世代には、古い世代にはない可能性がある。彼らの意見は、粗削りであったり、多少の誤りを含んでいたりしても、尊重されるべきだろう。

　以上を踏まえて、私は、21世紀の急速な社会の変化に対応するためには、若者が積極的に意見を言うことが重要になると思う。若者たちには、目上の人の意見に敬意を持ちながらも、自分たちの意見をはっきりと主張し、新しい時代を主体的に作っていく責任があると思う。

第10回 実戦問題　読解問題　解答・解説

問	解答番号	正解	問		解答番号	正解
I	1	**1**	XI	問1	11	**3**
II	2	**3**		問2	12	**4**
III	3	**3**	XII	問1	13	**1**
IV	4	**1**		問2	14	**3**
V	5	**3**	XIII	問1	15	**4**
VI	6	**4**		問2	16	**2**
VII	7	**4**	XIV	問1	17	**2**
VIII	8	**1**		問2	18	**3**
IX	9	**4**	XV	問1	19	**1**
X	10	**4**		問2	20	**3**
			XVI	問1	21	**1**
				問2	22	**2**
			XVII	問1	23	**1**
				問2	24	**3**
				問3	25	**3**

I
最終文に「この『歴史』を私は『歴史性』と呼ぶ」とあり，文頭にある指示語「この」は，「私たちが過去を語るとき，時間という構造は破壊され，ひとつの記憶として，過去が照らし出され」ることで，歴史が「現在の時点で再創造された物語」になることを指しているので，1が正解である。

II
1．×　応募条件に「20XX年7月10日までに20歳以上になる方」とあり，「申込時」ではない。
2．×　誘導スタッフの紹介に資格の必要性は書かれていない。
3．○　「協会のホームページの『ボランティア募集』の欄から応募」とある。
4．×　「質問等は電話では受け付けておりません」と書かれている。

III
下線部の中の「同じようなこと」とは「うちにいるときは，～もっとしっかりした服装をしないといけない」の部分，つまり，状況に合わせて服装を選択するべきだということを指している。「同じようなこと」が言葉にも言えるということなので，3が正解である。

IV
「未来を想像する時にだけ活発に活動する脳部位」のうち「特に顕著だった部位が『前運動野』，つまり身体の運動をプログラムする大脳皮質でした。体の動きが未来イメージと関係があるとは，意外な発見です」とあるので，1が正解である。

V
「コウノトリ」を「増殖し，野生復帰させる」ためには「単に雛を育てて放鳥するだけでは問題は解決しません。コウノトリやトキが餌をとれるような田んぼを復活させなければならないのです」とあるので，3が正解である。

VI
「アマチュアの〈踊ることへの欲望〉を満たす機関だけはたっぷりとある」ことが「あまり目につかないのは，メディアにおける記事や批評がもっぱら〈芸術〉としてのダンスだけを取りあげるから」とあるので，4が正解である。

VII
下線部のあとの，「確かに～。しかし…」は譲歩の表現であり，「しかし」のあとに筆者の主張が書かれていることが多い。本文では，現実には「そういう人たちがいたからこそ，戦争も差別も暴力もこの規模で止まってきた」「理想を持つ人たちの力が，現実を変えてきた」と述べられている。よって4が正解である。

VIII
現在の日本は，衣食住の全ての自給率が低い状態にあり，「限りある化石燃料」に頼っているが，「江戸時代の日本は，これらをすべて自給」し，「枯渇することなく，永続的に再生産が可能である」植物から作っていた。そのことを筆者は「植物ですべてを作り上げた江戸時代の人たちは，はたして古臭いだろうか。限りある資源を食いつぶしている現代人と比べて，江戸時代の人たちを誰が劣っていると言えるのだろうか」と言っているので，1が正解である。

IX
下線部を含む文に，「たいていの人が」「仕事への抵抗」をもっているとある。「Rさん」の具体的な例は，「仕事をするのはつらい。できれば避けたい。いよいよ避けられないとなると仮病ではなくて本当の病気になる」ということなので，4が正解である。

X

全体を通して，「自己実現している人」は「自分がそれをできるかできないかに関心がいく」など「自分」がどうであるかが大事なのであり，「他人が自分のことをどう思うかは，重要でなくなる」など「他人」は判断の基準にならないので4が正解である。

XI

問1　「小さな角のカブトムシは，大きな角のオスと戦うようなことはできない」ため，「ずらす戦略」をとっているという。「まだ他のオスが眠っているうちに，エサもメスも手に入れてしまう作戦」とあるので，「ずらす戦略」とは，活動の時間帯をずらすことである。したがって，3が正解である。

問2　この文章は，角の大きいカブトムシと小さいカブトムシを対比して書かれている。「大きな角のカブトムシ」は「戦いに勝つことができる」が，「小さな角のカブトムシは，大きな角のオスと戦うようなことはできない」ため，「ずらす戦略」を取っている。つまり，角の大きさでカブトムシのとる戦略が変わっているということである。よって，4が正解である。

XII

問1　下線部は，「どんどん進化するＩＣＴ技術についてゆけず落ちこぼれていく人間も多数出現するようになる」を端的に言い換えたものである。さらに次段落に注目すると「デジタル社会がますます進行していくなかで人間の分断が起きる」とある。よって，正解は1である。

問2　下線部の直前に「それは」とあるので，直前に着目すると，「後世のことを考えず新規性のみを安易に求める」ことを指していることがわかる。「新規性のみ」とあることから，新規性以外の，他のことに関しては一切考えないということを強調しているとわかる。したがって，正解は3である。

XIII

問1　空欄の前後で，ミツバチとアブの特徴を対比して述べている。（A）の前では，ミツバチは「花の種類を覚えていて，同じ種類の花々に飛んでまわって蜜を集める」とあるが，（A）の後では，アブは「頭のいい昆虫ではないので節操なくさまざまな花を飛びまわってしまう」とある。賢いミツバチと，頭が良くないアブの対比構造となっている。したがって正解は4である。

問2　「花粉は，同じ種類の花に運んでもらわなければ意味がない」とある。花は「まとまって一面に咲いていれば，アブは遠くへ行くことなく近くにある花を飛んでまわるから」，花粉を「同じ種類の花に運んで」もらうことができる。したがって正解は2である。

XIV

問1　「初めて観た人」が「驚いた」のは「ロケット」を「人間の顔のかたちをした月面に命中させる」といった奇抜で非現実的な映像に対してなので，2が正解である。

問2　フィクションは「客観的な事実では」ないが「"今，ここ"に実在するわけではない出来事を語る行為を通じて，ものごとの背後にある真理や，形容しがたい善なるもの，あるいは，自然界には存在しない美しいものを表していると言える」と書かれているので，3が正解である。

XV

問1　「オオバコの葉は，とても柔らかい」が「葉の中に硬い筋を持っている」。また，「茎は，葉とは逆に外側が硬くなかなか切れない。しかし，茎の内側は柔らかいスポンジ状になっていて，とてもしなやかである」ところが「オオバコが踏まれに強い秘密である」と書かれているので，1が正解である。

問2　「オオバコの種子は，雨などの水に濡れると，ゼリー状の粘着液を出して膨張する。そして，人間の靴や動物の足にくっついて，種子が運ばれるようになっているのである」と書かれているので，3が正解である。

XVI

問1　「エネルギーが経済のすべてのベースとなっている」と言えるのは，「エネルギーを使って活動した結果として生じたお金をやり取りしているともいえる」からなので，1が正解である。

問2　「エネルギーを使って活動した結果」として「お金をやり取り」する，つまり「経済活動をする」。すなわち，エネルギーと経済を分けることはできないので，2が正解である。

XVII

問1　「子どものために父として母として，そこにいること」は（A）であり，「それよりは，飛行機に乗って偉い先生を訪ねて行く方がよほど楽である」とあり，（A）には「楽」の反対の内容が入ると考えられるので，1が正解である。

問2　筆者は「ものごとは努力によって解決しない」と考えているが，それでも努力をするのは，「努力を放棄して平静でなど居られない」からだとあるので，3が正解である。

問3　筆者は「努力によってものごとは解決しない」と言っているので，3が正解である。努力をしても，ものごとは「絶対に」解決することはないとは言っていないので，1は不適。

学部文系
コース　東京大学面接と小論文クラス
合格大学　東京大学

劉 さん

難関小論文を突破し
東大文科三類合格

日本の刀剣文化が好きで来日しました。大学では、社会科学を勉強したいと思っています。東大の小論文は話題が広く、アカデミックな内容はとても難しかったのですが、名校志向塾の面接対策と、小論文クラスのおかげで、無事に試験を突破し、合格を勝ち取りました。

2018年4月来日、2019年1月に入塾。

学部文系
コース　関西校周年スペシャルコース
合格大学　東京大学　東北大学　一橋大学　早稲田大学

許 さん

日本留学試験得点全国1位
東京大学文科三類合格

私は初めの頃は面接が非常に苦手でした。初めの頃は模擬面接でさえ、緊張してしまい、失敗ばかりしていました。しかし、名校志向塾の先生方は私の問題点を一つ一つ整理して、改善の手助けをしてくれたため、本番では非常に高い完成度で面接に臨むことができました。また、留学試験でも全国位の成績を獲得したことで、確かな自信に繋がりました。

2018年4月に来日、同時に入塾。

学部理系
コース　センター試験対策クラス
合格大学　東京大学　東京工業大学　早稲田大学

朱 さん

センター利用で
東京大学理科一類合格

センター試験の準備は不安でしたが、留学生向け進学塾の中で、唯一センター試験対策に対応している名校志向塾の指導を受け、無事に合格することができました。

2015年4月来日、2015年9月に入塾。

大学院藝術
コース　VIPコース
合格大学　東京藝術大学

朱 さん

海を渡って
夢をかなえた

先生たちは、面接や、小論文対策などにおいて、隅から隅まで教えてくれます。個人個人に、しっかりと付き添ってくれるので、安心して受験に望めました。先生たちのおかげで、あまり孤独感を感じることなく、しっかりと勉強ができました。

2017年10月来日、同時に入塾。

大学院理系
コース　大学院理系通年コース
合格大学　早稲田大学

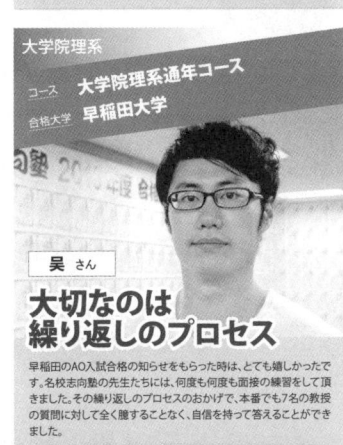

呉 さん

大切なのは
繰り返しのプロセス

早稲田のAO入試合格の知らせをもらった時は、とても嬉しかったです。名校志向塾の先生たちには、何度も何度も面接の練習をして頂きました。その繰り返しのプロセスのおかげで、本番でも7名の教授の質問に対して全く臆することなく、自信を持って答えることができました。

2016年7月来日、10月に入塾。

大学院文系
コース　大学院経済学コース
合格大学　一橋大学　横浜国立大学

朱 さん

きめ細かな指導で
確実に実力UP

名校の先生の授業はわかりやすいだけでなく、一人一人を丁寧に指導してくれます。講義における詳細なまとめは、復習の際に、とても役立ちました。難しい問題でも、詳細な解説をしてくれるので、確かな実力をつけることができました。

2017年7月来日、同時に入塾。

学部理系
コース　理系通年クラス＆東京大学面接と小論文クラス
合格大学　東京大学　東京工業大学　東京理科大学　慶応義塾大学

董 さん

脳科学を志望し
4つの一流大学に合格

最初は科学の勉強に関して、不明な点がたくさんあったので、短時間で本当に効果的な学習方法を身に着けられるか不安でした。しかし、名校志向塾の先生たちは、皆真面目な方ばかりで、教え方も効果的だったので、科学の専門知識、小論文や面接の要旨を把握でき、夢を叶えることができました。

2018年4月来日、同時に入塾。

学部文系
コース　文系通年クラス
合格大学　東京大学　慶応義塾大学　明治大学

刘 さん

たったの半年で
東大文科一類合格

日本に来たばかりの頃は、日本人と会話することすら困難だった私ですが、名校志向塾に通ったことで、僅か半年間で東大に合格できました。半年で合格するという目標を達成できたのは、名校志向塾の計画性のあるコースのおかげだと思います。

2017年7月来日、同時に入塾。

学部文系
コース　東京大学面接と小論文クラス
合格大学　東京大学　北海道大学　慶応義塾大学　上智大学

宋 さん

一歩一歩を着実に
輝く未来を掴むため

自分の力を最大限に発揮したいと思い、最難関校である東大を志望しました。名校志向塾の東大特訓クラスを通して、専門科目の知識のみならず、面接の対策も行ったことで、スムーズに合格することができました。中国人、日本人、両方の先生方の懇切丁寧な指導にも、とても安心できました。

2017年4月来日、2017年12に入塾。

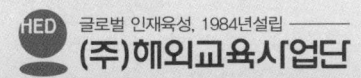

㈜해외교육사업단 발행 도서

대형 서점 일본유학시험(EJU) 부문 연간 베스트셀러 다수!

일본유학시험(EJU)
2020년 2회 기출문제

일본유학시험(EJU)
대비 개념서 하이레벨
종합과목 개정 제2판

일본유학시험(EJU)
대비 개념서 하이레벨
이과 물리 · 화학 · 생물 개정판

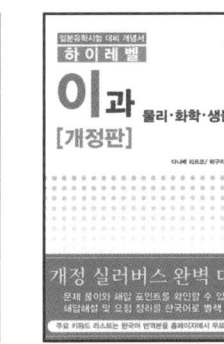

일본유학시험(EJU)
대비 개념서 하이레벨
수학 코스1

일본유학시험(EJU)
실전문제집
일본어 기술 · 독해 vol.1

일본유학시험(EJU)
실전문제집
일본어 청독해 · 청해 vol.1

일본유학시험(EJU)
실전문제집
종합과목 vol.1

일본유학시험(EJU)
실전문제집
수학 코스1 vol.1

일본유학시험(EJU)
모의시험 10회분
일본어 기술 · 독해

일본유학시험(EJU)
모의시험 10회분
일본어 청독해 · 청해

일본유학시험(EJU)
모의시험 10회분
종합과목

일본유학시험(EJU)
모의시험 10회분
수학 코스1

▶ 판매처 : 교보문고, 영풍문고, 예스24, 알라딘, 인터파크 (각 서점 및 사이트에서 구입 가능)

▶ 해외교육사업단 : 전화 02-552-1010/ 팩스 02-552-1062/ 이메일 hedc@hed.co.kr

▶ 도서 발행 정보 : www.hedgroup.co.kr

일본유학시험(EJU) 실전문제집
일본어 기술 · 독해 Vol. 2

초판발행일 : 2021년 6월 15일(1쇄)
　　　　　　　 2025년 4월 25일(2쇄)

저　　　　자 : 메코시코주쿠　(名校志向塾)

발　행　인 : 송 부 영

발　행　처 : (주)해외교육사업단

출 판 등 록 : 제16-1456호

주　　　　소 : 서울시 서초구 강남대로 381

전　　　　화 : 02-736-1010

이　메　일 : song@hed.co.kr

홈 페 이 지 : www.hedgroup.co.kr